RUSSIAN IN EXERCISES

저자소개

김영식

강릉원주대학교 국제통상학과 교수

러시아 상-뻬쩨르부르그대학교 경제학부졸업, 경제학박사

러시아 상-뻬쩨르부르그 재정경제대학교 국제경제관계학과 졸업, 경제학석사

고려대학교 졸업

에카테리나 쁘렐로브스가야

강릉원주대학교 의료관광사업단 초빙교수

극동기술대학교 사회학부, 조교수

극동기술대학교 사회학부, 사회학박사수료

극동대학교 외국어언어학부, 언어학석사

극동기술수산대학교 사회학부 졸업

RUSSIAN IN EXERCISES 러시아 문법

초판 인쇄 : 2013년 2월 20일
초판 발행 : 2013년 2월 28일
저　　자 : 김영식·에카테리나 쁘렐로브스가야
디 자 인 : 디자인콩
발 행 인 : 서 덕 일
발 행 처 : 도서출판 문예림
등　　록 : 1962. 7. 12 제2-110호
주　　소 : 서울특별시 광진구 군자동 1-13 문예하우스 101호
전　　화 : (02)499-1281~2
팩　　스 : (02)499-1283
http://www.bookmoon.co.kr
E-mail : book1281@hanmail.net

ISBN 978-89-7482-720-5(13790)
＊잘못된 책이나 파본은 교환해 드립니다.
＊이 교재에 대한 저작권은 문예림에 있습니다.
　서면에 의한 저작권자의 허락없이 교재 내용을 부분을 이용하거나 복제하는 것을 금합니다.

머리말

   2010년 5월부터 시작한 의료관광인재양성사업단이 올 2월로 막을 내린다. 우리 사업단은 러시아 극동지역을 중심으로 의료관광을 추진해 왔으며, 이제 그 소귀의 목적을 달성하고 사업을 끝낸다. 지난 3년을 돌아보면 많은 아쉬움도 남는다.
   그렇지만 많은 성과도 있었다. 알파벳도 모르던 학생들에게 기초러시아어를 가르치고, 어학연수를 보내고, 블라디보스톡으로 인턴도 보내고 …

   이 사업을 통해 나는 두 권의 러시아어 관련된 교과서를 집필했다. 하나는 『초보자를 위한 기초 러시아어』이고, 다른 하나는 『배우기 쉬운 러시아어』다. 처음 러시아어를 배우는 학생들에게 조금이라도 쉽게 배울 수 있도록 하기 위해서 책을 집필하기로 했다. 학생들에게 도움이 되었는지 모르겠다. 그리고 올해는 학생들이 어려워하는 문법을 이해하는데 도움을 주고자 문법 연습 책을 집필하게 되었다.
   이것은 내가 유학시절 공부했던 내용들을 정리한 것이다. 사실 나는 언어가 전공이 아니다보니 집필하는데 많은 어려움이 있었다.
   집필하는데 도움을 준 강릉원주대 국제통상학과 학생들과 멋있는 책을 만들어주신 문예림사장님, 그리고 디자인콩 관계자분들께도 감사의 인사를 전한다.

   그리고, 본 교과서는 강원도의 의료관광 선도사업으로 추진된 강릉원주대학교 "치과의료관광인재양성사업단"과 강릉시의 의료관광지원사업 후원으로 만들어 졌다.

2013년 2월 25일

강릉에서

차례

УРОК 1	명사들의 활용	14
УРОК 2	전치격	78
УРОК 3	대격	110
УРОК 4	여격	144
УРОК 5	생격	172
УРОК 6	조격	212
УРОК 7	동작동사	244
УРОК 8	복잡한 문장	278

АЛФАВИ́Т (알파벳)

Печа́тные (인쇄체)		Пи́сьменные (필기체)		Звук (발음)	Назва́ние (명칭)
А	а	*А*	*а*	[а]	а
Б	б	*Б*	*б*	[б]	бэ
В	в	*В*	*в*	[в]	вэ
Г	г	*Г*	*г*	[г]	гэ
Д	д	*Д*	*д*	[д]	дэ
Е	е	*Е*	*е*	[ие]	ие
Ё	ё	*Ё*	*ё*	[ио]	ио
Ж	ж	*Ж*	*ж*	[ж]	жэ
З	з	*З*	*з*	[з]	зэ
И	и	*И*	*и*	[и]	у
Й	й	*Й*	*й*	[й]	и краткое
К	к	*К*	*к*	[к]	ка
Л	л	*Л*	*л*	[л]	эл
М	м	*М*	*м*	[м]	эм
Н	н	*Н*	*н*	[н]	эн

Печа́тные (인쇄체)		Пи́сьменные (필기체)		Звук (발음)	Назва́ние (명칭)
О	о	*О*	*о*	[о]	о
П	п	*П*	*п*	[п]	пэ
Р	р	*Р*	*р*	[р]	эр
С	с	*С*	*с*	[с]	эс
Т	т	*Т*	*т*	[т]	тэ
У	у	*У*	*у*	[у]	у
Ф	ф	*Ф*	*ф*	[ф]	эф
Х	х	*Х*	*х*	[х]	ха
Ц	ц	*Ц*	*ц*	[ц]	цэ
Ч	ч	*Ч*	*ч*	[ч]	че
Ш	ш	*Ш*	*ш*	[ш]	ша
Щ	щ	*Щ*	*щ*	[щ]	ща
ъ		*ъ*			твёрдый знак
	ы		*ы*	[ы]	ы
ь		*ь*			мягкий знак
Э	э	*Э*	*э*	[э]	э
Ю	ю	*Ю*	*ю*	[иу]	иу
Я	я	*Я*	*я*	[иа]	иа

| 러시아어 문법 |

РÝССКИЙ АЛФАВИ́Т
ОСО́БЕННОСТИ ПРОИЗНОШÉНИЯ

   러시아어 발음은 러시아어 발음은 기본적인 모음은 а, е, и, о, у이며, 발음은 기본적으로 아, 에, 이, 오, 우로 발음하지만, 강세가 있는 모음은 발음이 서로 다릅니다(예: á(아), é(예), и́(이), ó(오), ý(우)). 하지만, 강세가 없는 경우에는 다르게 발음합니다(예: а(아), е(에/이), и(이), о(ㅏ/ㅓ), у(우)). 이중, а, и, у, ё는 강세가 있거나 없거나 발음은 그대로 유지합니다. о는 강세가 있을 때는, "오"로 발음하지만 강세가 없는 경우에는 "어"와 "아"의 중간 발음으로 발음합니다(특히나 "어"로 들리는 경우가 많습니다).

   й는 영어를 제외한 게르만어지역과 라틴문자권 슬라브어지역에선 j에 해당되는 문자입니다. ы는 "의"라고 발음을 하며, 악센트는 약하게 발음하든 강하게 발음하든 "의"라고 유지됩니다. э, ю, я는 발음할 때는 강세가 있는 경우에는 에, 유, 야로, 강세가 없는 경우에는 에, 유, 이로 발음합니다. й는 발음할 때는, у처럼 "이"로 발음합니다. 이처럼 러시아어는 강세가 있는 모음은 약간 길게 발음하고, 강세가 없는 모음은 짧게 발음합니다. 그리고, 악센트는 자유 악센트이기 때문에, 모음은 강세가 있느냐 없느냐에 따라 발음의 길이가 달라집니다. 이처럼 러시아어는 악센트에 따라 소리의 길이가 달라지기도 하고, 원래 발음이 변하기도 합니다.

Б와 В	б와 в는 라틴 표기로는 각각 b과 v으로 표기하고 발음도 둘 다 "ㅂ"로 발음하지만, 둘 다 맨 뒤에선 "ㅍ"로 발음합니다. 단 끝에서 발음한 표기는 б는 p로, в는 f로 발음한다는 점이 다릅니다(예; Хлеб, Khlep), Часо́в(챠솝, chasof)). 이것은 체코어, 폴란드어, 독일어, 슬로바키아어, 불가리아어 등 일부 슬라브어권과 게르만어권에서도 b과 v, w을 전부 끝에서 "ㅍ"라고 발음합니다.
Г과 Д	г과 д은 원래 "ㄱ"과 "ㄷ"으로 발음하고 표기는 "g"과 "d"으로 표기합니다. 하지만 이것들도 б와 в와 마찬가지로 끝에서는 "ㅌ"와 "ㅋ"로 발음합니다. (예; Друг(드룩, Druk), го́род(고랕, gorat)). г과 д도 체코어, 폴란드어, 독일어, 슬로바키아어, 불가리아어 등 일부 슬라브어권과 게르만어권에서도 러시아어처럼 g, d를 끝에서 "ㅋ", "ㅌ"로 발음합니다. 이 중 д은 원래 "ㄷ"라고 발음하지만, е, и, ё, я를 만나면 "ㅈ"로 구개음화됩니다. 그리고 ь를 만날 경우에는 д은 "ㅈ"라고 발음합니다.
Ж과 З	ж과 з도 원래 발음은 "ㅈ"라고 발음합니다. 하지만 차이가 있다면, ж은 "zh"라고 표기하며, з은 "z"라고 표기합니다. 이들 문자는 맨 끝에는 "ㅅ"으로 발음하며, ж는 맨 끝에선 영어의 sh와 유사한 "쉬"로 з는 영어의 s와 유사한 "스"로 발음합니다(예; муж(무쉬, mush), моро́з(마로스, maros)). 끝에서 "ㅅ"라고 발음하는 경우는 다른 슬라브어권에서도 찾아볼 수 있으며, 에스파냐어가 z가 "ㅅ"로 11 발음한다는 점은 러시아어와 유사합니다.

| 러시아어 문법 |

К	к는 영어의 k에 해당되는 문자로, 발음할 때는 "ㄲ"에 가까운 소리를 냅니다(예; Как(깍, kak)). 폴란드어를 제외한 다른 슬라브어족은 k가 대체로 "ㄲ"에 가까운 소리를 내지만, 영어 등 게르만어족과 폴란드어는 슬라브어족과는 다르게 이 k가 거센소리에 가깝게 발음합니다. 이 문자는 가끔 "ㄱ"라고도 발음하기도 합니다(예; вокза́л(봐그잘, vagzal)). 하지만 대부분의 경우에는 "ㄲ"라고 발음합니다.
Л	л은 영어의 l에 해당되는 문자입니다. 그리고 이 문자는 발음할 때는 영어의 l와 마찬가지로, "ㄹ"로 발음합니다.
М과 Н	м과 н은 각각 "ㅁ"과 "ㄴ"으로 발음합니다. м은 영어의 m과 유사한 문자입니다. н은 영어의 H와 비슷한 문자이지만, 발음할 때는 "ㄴ"으로 발음합니다.
П	п은 "ㅍ"로 발음하는 문자로, 영어의 p에 해당되는 문자입니다. 이 문자는 그리스 문자에서 유래된 문자인데, 라틴 문자권의 p보다는 그리스 문자의 원형에 가까운 문자입니다. 대체로 이 문자는 "ㅃ"에 가깝게 들립니다. 다른 슬라브어권에선 폴란드어를 제외하고는 "ㅃ"로 가깝게 발음합니다.
Р	р은 영어의 "r"에 해당되는 문자로, p과 유사한 문자이지만 발음할 때는 "ㄹ"로 발음합니다. 그리고 이 문자도 п과 함께 그리스 문자의 원형과 가깝습니다.

с	с는 영어의 s에 해당되는 문자입니다. 영어와 다른 라틴문자권의 c과 유사하지만, 발음할 때는 영어의 "s"처럼 "ㅅ"라고 발음합니다. 하지만 про́сьба(쁘로지바, proz'ba), Как вас зову́т?(깍 바즈 자붓? Kak vaz zavut?)처럼 с가 자음동화될 경우에는, "ㅈ"으로 발음합니다.
т	т은 러시아어에서 д과 마찬가지로 구개음화가 되는 자음입니다. 영어의 t과 유사하며, 원래 발음은 "ㄸ"에 가깝습니다. 이 문자는 모음 а, е, и, о, у, ё, ы과 자음 ь를 만나면 발음이 달라지는데 а, о, у, ы를 만나면, "ㄸ"라고 해서 원래 발음이 유지되지만(예; та́кже(따그줴, tagzhe)), е, и, ё를 만나면 "ㅉ"으로 구개음화됩니다(예; Тетра́дь(찌뜨라지, tsitradz'), есть(예스찌, yests')).
ф	ф은 f에 해당되는 문자로 표기를 할 때는, f로 표기하고 발음할 때는, "ㅍ"라고 합니다. 영어를 제외한 다른 문자권에선 이 문자가 거센 소리에 가까운 발음을 냅니다. 러시아어도 마찬가지로 ф은 된소리가 아니라, 거센소리에 가까운 발음을 냅니다(예; флаг(플락, flak)). 이 문자를 발음할 때는 영어를 발음할 때처럼, 아랫 입술을 살짝 물고 "ㅍ"라고 내뱉으면 됩니다.

러시아어 문법	
в와 ф	в와의 차이점: в은 맨 끝과 구개음화되어 앞에서 "ㅍ"라고 발음하는 경우를 제외한 나머지 경우에는 "ㅂ"라고 발음하지만, () ф의 경우에는 맨 끝에 있거나 중간, 맨 첫번째에 있는 경우에도 "ㅍ"라고 발음합니다. 그리고 라틴 표기로도 상당히 다른 문자인데, в은 /v/로 표기하지만, ф은 /f/로 표기합니다.
х	х는 발음할 때는 "ㅎ"에 가까운 소리를 내지만, 사실 이 문자의 라틴 표기는 kh(/x/)로 영어에는 이 문자에 해당되는 문자는 없습니다. 하지만 독일어 등의 게르만어족이나 라틴문자권 슬라브어에선 이 문자에 해당되는 문자가 ch입니다. 이 문자를 발음할 때는 "ㅎ"라고 발음해야 하지만, 목구멍으로 소리를 내지 않고 발음합니다(예; Хлеб(흘렙, khlep), хорошо́(하라쇼, kharasho)).
ц와 ч	ц와 ч는 전부 "ㅊ"로 발음되며 라틴 표기로는 ц는 "ts", ч는 "ch"로 발음합니다. 하지만 이 두 문자의 차이점은 ц는 "ㅉ"에 가까운 발음을 내지만, ч는 영어의 "취"처럼 발음한다는 점입니다. ч는 영어 소문자 h를 뒤집은 모양을 하고 있지만, 발음할 때는 "취"라고 발음합니다. (예; цвет(쯔벳, tsvyet), ча́сто(촤스떠, chasta))
ш와 щ	ш와 щ는 영어의 w와 유사한 형태를 취하고 있는 문자입니다. 이 문자를 발음할 때는 영어의 "쉬"에 가까운 발음을 하고 있지만, 표기할 때는 ш는 sh로, щ는 shch로 표기합니다.

Ж와 Ш	ж와의 차이점: ж는 맨 뒤에서만 "쉬"로 발음하지만, ш는 맨뒤에서나 맨앞에서나 "쉬"로 발음합니다.
Ъ와 Ь	ъ와 ь는 영어에 해당되는 문자가 없는 문자이고, 발음은 한국어에선 없는 문자입니다. 표기할 때는 I'로 표기합니다. ль의 라틴 표기 I'은, 슬로바키아어와 유사하며, 세르비아어, 크로아티아어, 슬로베니아어, 보스니아어의 lj에 해당되는 문자입니다. 하지만 사용하는 경우에는 조금 다른데, ъ는 맨 앞이나 맨 뒤에서 쓰이지 못하고 중간에서만 쓰이나, ь는 맨앞에선 쓰이지 못하고 맨뒤나 중간에서 쓰입니다. 발음할 때는 ъ는 띄어쓰기 발음을 하지만 (예; подъе́зд(빧예즈트, pad yezt)), ь는 발음할 때는 중간에선 "이"로, 끝에선 "으"로 발음합니다(예; семья́(쎄미야, sem'ya), у́голь(우벌르, ugal')).

УРОК 1   명사들의 활용

01 _단수명사 : 질문 «Что это?», «Кто это?»

02 _동사의 현재시제

03 _질문 «Как?», «Когда?»

04 _명사의 소유대명사:복수명사와 질문
    «Чей?», «Чья?», «Чьё?», «Чьи?»

05 _동사의 과거시제에 대하여

06 _동사의 미래시제에 대하여

07 _질문 «У вас есть?»

08 _형용사 활용

09 _동사 «хотеть», «любить», «мочь»과 «должен»

| 러시아어 문법 |

01 단수명사 : 질문 «Что это?», «Кто это?»

연습문제 01 괄호안의 단어를 활용하여 질문에 답하시오.

보기 Это компания «Samsung»? (компания «LG»)
Нет, это некомпания «Samsung», это компания «LG».

1. Это медсестра? (врач)
2. Это журнал? (книга)
3. Это газета? (карта)
4. Это кресло? (стул)
5. Это окно? (веранда)
6. Это Пусан? (Сеул)
7. Это операционная система «Linux»? (операционная система Windows)
8. Это картина? (фотография).
9. Это машина марки «KIA»? (машина марки «Hyundai»)
10. Это банк? (офис)
11. Это музей? (театр)
12. Это магазин? (кинотеатр)
13. Это компьютер? (навигатор)
14. Это ручка? (карандаш)
15. Это папка? (письмо)
16. Это больница «Асан»? (больница «Северанс»)
17. Это кафе «Starbucks. (кафе «Angelinus»)

연습문제 02 질문을 만드시오.

보기 Это медсестра. - Кто это?
Это компьютер. - Что это?

1. Это навигатор.
2. Это программа «Excel».
3. Это машина.
4. Это банк.
5. Это профессор.
6. Это карандаш.
7. Это картина.
8. Это фотография.
9. Это сестра.
10. Это телефон.
11. Это офис.

| 러시아어 문법 |

연습문제 03 다음 표를 보고, 괄호안에 주어진 단어를 활용하여 의문문을 만드시오.

Что это?		
(конверт)봉투	(письмо)편지	(бумага)종이
(книга)책	(газета)신문	(журнал)일지
(словарь)사전	(машина)자동차	(телефон)전화
(компьютер)컴퓨터	(видеокамера)캠코더	(фотокамера)카메라
(карандаш)연필	(папка)폴더	(ручка)볼펜

꼭 기억할 것!

Кто это?	Что это?
이분은 누구입니까?	이것은 무엇입니까?

연습문제 04 다음 보기와 같이 의무문을 만든 다음 알맞은 답을 쓰시오.

보기 (Что \ Кто) (ручка \ карандаш) Что это? Это ручка?
– Да, это ручка.
– Нет, это не ручка. Это карандаш.

1. (Что \ Кто) (фотография \ картина)
2. (Что \ Кто) (сестра \ мама)
3. (Что \ Кто) (озеро \ море)
4. (Что \ Кто) (банк \ офис)
5. (Что \ Кто) (журнал \ газета)
6. (Что \ Кто) (папка \ книга)
7. (Что \ Кто) (окно \ дверь)

연습문제 05 다음 보기와 같이 의무문을 만든 다음 알맞은 답을 쓰시오.

보기 (Что \ Кто) Что это? Это стол? (стол, кресло)
– Да, это стол. А это кресло. Это стол и кресло.

1. (Что \ Кто)   тетрадь, книга
2. (Что \ Кто)   журнал, газета
3. (Что \ Кто)   ручка, карандаш
4. (Что \ Кто)   фотография, картина
5. (Что \ Кто)   стул, стол
6. (Что \ Кто)   диван, кресло

| 러시아어 문법 |

7. (Что \ Кто)   лампа, фотография
8. (Что \ Кто)   телевизор, компьютер
9. (Что \ Кто)   фотоаппарат, видеокамера
10. (Что \ Кто) самолёт, поезд
11. (Что \ Кто) здание, веранда
12. (Что \ Кто) комната, кабинет
13. (Что \ Кто) офис, фирма
14. (Что \ Кто) дверь, окно
15. (Что \ Кто) муж, жена
16. (Что \ Кто) сын, дочь
17. (Что \ Кто) брат, сестра

연습문제 06 다음 우리말을 러시아어로 옮기시오.

1. 이것은 무엇입니까?
   – 이것은 컴퓨터입니다.
     그리고, 이것은 전화와 비디오카메라입니다.
     이것은 컴퓨터, 전화기와 비디오카메라입니다.
   이것은 컴퓨터입니까?
   – 네, 컴퓨터입니다.
   그리고 이것은 무엇입니까?
   – 이것 또한 컴퓨터입니다.

2. 이분은 누구입니까?
    - 이분은 의사입니다.
    그리고, 이분은 누구입니까?
    - 이분도 의사입니다.
    그리고, 이분은 누구입니까? 이분도 의사입니까?
    - 아니요, 이분은 의사가 아니고, 이분은 간호사입니다.

    _____
    _____
    _____
    _____

3. 이것은 무엇입니까?
    - 이것은 그림입니다.
    이분은 누구입니까?
    - 이분은 할머니입니다.
    - 이분은 할아버지입니다.
    - 이분들은 할머니와 할아버지입니다.

    _____
    _____
    _____
    _____

| 러시아어 문법 |

4. 이것은 무엇입니까?
   이것은 자동차입니다.
   그리고 이것은 무엇입니까?
   이것 또한 자동차입니다.
   그리고 이것은 무엇입니까?
   이것 또한 자동차입니까?
   아니요, 이것은 자동차가 아닙니다.
   이것은 컴퓨터입니다.

연습문제 07 괄호안의 단어를 활용하여 질문에 답하시오.

보기 Это книга? (словарь)

– Да, это книга.

– Нет, это не книга. Это словарь.

1. Это документ? (письмо)
2. Это магазин? (бизнес центр)
3. Это брат? (друг)
4. Это кровать? (диван)
5. Это «Google»? («Naver»)
6. Это телефон? (факс)

7. Это компьютер? (навигатор)

8. Это врач? (медсестра)

9. Это газета? (карта)

10. Это университет? (школа)

11. Это певец? (музыкант)

12. Это учитель? (преподаватель)

13. Это папка? (тетрадь)

14. Это портфель? (чемодан)

15. Это спортсменка? (актриса)

16. Это учебник? (журнал)

17. Это сестра? (мама)

18. Это стул? (кресло)

19. Это озеро? (море)

20. Это музей? (банк)

21. Это шкаф? (стол)

22. Это профессор? (студент)

23. Это корпорация LG? (Samsung)

24. Это ручка? (карандаш)

24. Это iPod? (iPhone)

25. Это программа SPSS? (программа Excel)

26. Это Kia? (Hyundai)

연습문제 08 꼭 기억할 것!

Кто это? [kto eta?]	Что это? [shto eta?]
이분은 누구입니까?	이것은 무엇입니까?
Это мама.	**Это видеокамера.**
이분은 저의 엄마입니다.	이것은 비디오카메라입니다.

| 러시아어 문법 |

Это папа.	Это машина.
이분은 저의 아빠입니다.	이것은 자동차입니다.
Это брат.	Это телефон.
이사람은 동생 \ 오빠입니다.	그것은 전화입니다
Это сестра [sistra]	Это банк.
이사람은 동생 \ 누나입니다.	이것은 은행입니다
Это бабушка (grandmother)	Это офис.
이분은 할머니입니다.	이것은 냄비입니다.
Это дедушка (grandfather)	Это компьютер.
이분은 할아버지입니다.	이것은 컴퓨터입니다.

02 동사의 현재시제

연습문제 09 괄호안의 단어를 활용하여 질문에 답하시오.

보기 Это отделение гастроэнтерологии? (общей хирургии)
– Нет, это отделение общей хирургии.

1. Это отделение нейрохирургии? (кардиологии)
2. Это отделение стоматологии? (трансплантологии)
3. Это отделение аллергологии? (эндокринологии)
4. Это отделение урологии (реанимации)?
5. Это отделение пульмонологии?(травматологии).
6. Это отделение скорой помощи? (общейтерапии).

꼭 기억할 것!

ЗНАТЬ의 변화

ЗНАТЬ			
Я	ЗНАЮ	МЫ	ЗНАЕМ
ТЫ	ЗНАЕШЬ	ВЫ	ЗНАЕТЕ
ОН, ОНА, ОНО	ЗНАЕТ	ОНИ	ЗНАЮТ

연습문제 10 괄호안의 단어를 활용하여 질문에 답하시오.

보기 Вы знаете русский язык? (английский язык)
– Нет, я не знаю русский язык. Я знаю английский язык.

1. Хэрим знает французский язык?
2. Джисонг знает немецкий язык?
3. Они знают китайский язык?
4. Вы знаете японский язык?
5. Тэсик знает итальянский язык?
6. Вы знаете английский язык?
7. Джина и Боа знают «Excel»?
8. Пациент знает корейский язык?
9. Врач знает латинский язык?

| 러시아어 문법 |

꼭 기억할 것!

<h3 style="text-align:center">ЧИТАТЬ의 변화</h3>

ЧИТАТЬ			
Я	ЧИТАЮ	МЫ	ЧИТАЕМ
ТЫ	ЧИТАЕШЬ	ВЫ	ЧИТАЕТЕ
ОН, ОНА, ОНО	ЧИТАЕТ	ОНИ	ЧИТАЮТ

연습문제 11 다음 단어를 사용하여 문장을 완성하시오 (читать).

보기 Вы _____ блог.
　　 Вы читаете блог.

1. Вы _____ урок.
2. Ты _____ предложение по-русски.
3. Мы _____ журнал.
4. Она _____ письмо.
5. Они _____ упражнение.
6. Ты _____ рассказ.
7. Я _____ детектив.
8. Он _____ текст.
9. Она _____ роман.

연습문제 12 보기와 같이 빈칸에 알맞은 말을 대명사로 바꿔 써넣으시오.

보기 _____ читает интервью.
Он читает интервью.

1. _____ читает журнал.
2. _____ читаем правило.
3. _____ читает роман.
4. _____ читаете детектив.
5. _____ читают стих.
6. _____ читаем упражнение.
7. _____ читаю сочинение.
8. _____ читаем рассказ.
9. _____ читают расписание.

연습문제 13 동사의 변화.

	Понимать	Знать	Думать	Работать	Отдыхать
Я	понимаю				
Ты	понимаешь				
Мы	понимаем				
Вы	понимаете				
Он	понимает				
Она	понимает				
Они	понимают				

| 러시아어 문법 |

연습문제 14 동사의 변화.

	Говорить	Смотреть	Любить	Учить	Ходить
Я	говорю				
Ты	говоришь				
Мы	говорим				
Вы	говорите				
Он	говорит				
Она	говорит				
Они	говорят				

연습문제 15 다음 질문에 대해 알맞은 답을 쓰시오.

1. Вы понимаете текст?
2. Вы слушаете новости?
3. Вы читаете блог?
4. Ты знаешь английский язык?
5. Он слушает радио?
6. Она читает журнал?
7. Они повторяют стих?
8. Она читает текст?
9. Студент знает русский язык?
10. Студентка понимает диалог?
11. Мина и Харим знают китайский язык?
12. Они повторяют упражнение?
13. Вы изучаете русский язык?
14. Вы пишите письмо?

15. Вы смотрите телевизор?
16. Они изучают французский язык?
17. Он проверяет почту?
18. Он рисует картину?
19. Вы объясняете задание?
20. Они готовят концерт?

💡 꼭 기억할 것!

ГОВОРИТЬ의 변화

ГОВОРИТЬ			
Я	ГОВОРЮ	МЫ	ГОВОРИМ
ТЫ	ГОВОРИШЬ	ВЫ	ГОВОРИТЕ
ОН, ОНА, ОНО	ГОВОРИТ	ОНИ	ГОВОРЯТ

연습문제 16 운동동사를 사용하여 다음 질문에 답하시오.

1. Хэрим говорит по-русски?
2. Джисонг тоже говорит по-русски?
3. Они говорят по-китайски?
4. Вы говорите по-английски?
5. Тэсик говорит по-японски?
6. Вы говорите по-французски?
7. Джина и Боа говорят по-немецки?
8. Пациент говорит по-корейски?
9. Профессор говорит по-английски?
10. Студент говорит по-китайски?

| 러시아어 문법 |

03 질문 «Как?», «Когда?»

연습문제 17   보기와 같이 주어진 문장에 알맞은 답을 쓰시오.

보기   Как она танцует, хорошо или плохо?
– Она танцует хорошо.

1. Как вы знаете пакет SPSS, хорошо или плохо?
2. Как Мира читает текст, правильно или неправильно?
3. Как играет музыка, громко или тихо?
4. Как вы понимаете по-русски, плохо или хорошо?
5. Как вы пишитепо-китайски, быстро или медленно?
6. Как они смотрят телевизор, внимательно или невнимательно?
7. Как печатает студент, медленно или быстро?
8. Как студенты выполняют упражнение, хорошо или плохо?

연습문제 18   괄호안의 단어를 활용하여 질문에 답하시오.

보기   Как он читает? (медленно)
– Он читает медленно.

1. Как Минджу поёт? (хорошо)
2. Как он читает по-русски? (плохо)
3. Как студенты выполняют задание? (правильно)
4. Как Джихэ читает текст по-корейски? (хорошо)
5. Как Микёнг знает правило? (очень хорошо)
6. Как она рассказывает стих? (медленно)
7. Как она читает текст? (громко)
8. Как студенты выполняют задание? (внимательно)
9. Как они говорят по-русски? (медленно)

10. Как играет музыка? (громко)
11. Как она работает? (хорошо)
12. Как Харим рисует? (плохо)

연습문제 19 괄호안의 단어를 활용하여 질문에 답하시오.

보기 Кто повторяет текст? (я)
– Я повторяю текст.

1. Кто читает журнал? (Мина)
2. Кто сейчас смотрит телевизор? (Джисонг)
3. Кто сейчас говорит по телефону? (она)
4. Кто сейчас проверяет упражнение? (преподаватель)
5. Кто хорошо знает стих? (она)
6. Кто очень хорошо говорит по-английски? (студент)
7. Кто говорит по-китайски? (они)
8. Кто хорошо читает по-французски? (вы)
9. Кто сейчас поёт? (певица)
10. Кто громко слушает музыку? (он)
11. Кто сейчас делает домашнее задание? (Хэрим и Боа)
12. Кто готовит ужин? (сестра)

연습문제 20 보기와 같이 주어진 문장으로 의문문을 만드시오.

보기 Мина читает стихотворение А.С.Пушкина.
– Кто читает стихотворение А.С.Пушкина?

1. Джина сейчас смотрит телевизор.
2. Тэсик читает роман.

| 러시아어 문법 |

3. Они читают письмо.

4. Мы изучаем французский язык.

5. Они знают правило.

6. Вы повторяете диалог.

7. Ханджу говорит по телефону.

연습문제 21 보기와 같이 빈칸에 문장을 완성하시오.

보기 Он читает быстро. Я тоже _____.
Он читает быстро. Я тоже читаю быстро.

1. Мина хорошо говорит по-русски. Я тоже _____.
2. Студент хорошо знает Excel. Я тоже _____.
3. Джисонг читает стихотворение А.С.Пушкина. Я тоже _____.
4. Студенты повторяют диалог. Я тоже _____.
5. Он говорит по телефону. Я тоже _____.
6. Она плохо знает китайский язык. Я тоже _____.

연습문제 22 보기와 같이 빈칸에 문장을 완성하시오.

보기 Он читает быстро, а я _____.
Он читает быстро, а я читаю быстро.

1. Радио работает громко, а телевизор _____.
2. Тэсик пишет по-русски быстро, а я _____.
3. Мина говорит по-французски хорошо, а Хэрим _____.
4. Преподаватель говорит по-японский быстро, а студент _____.
5. Отец смотрит новости внимательно, а сын _____.
6. Преподаватель печатает быстро, а я _____.

7. Художник рисует хорошо, а мы _____.
8. Мы поём громко, а они _____.

연습문제 23 보기와 같이 주어진 문장으로 의문문을 만드시오.

보기 Мина хорошо знает русский язык.
– Как Мина знает русский язык, хорошо или плохо?
Мина знает русский язык хорошо.
– Кто знает русский язык хорошо?
Мина хорошо знает русский язык.
– Что знает Мина?
Мина знает русский язык.

1. Учитель читает текст медленно.
2. Хэрим хорошо знает английский язык.
3. Джисонг хорошо знает китайский язык.
4. Харим хорошо играет в гольф.
5. Марина плохо играет в баскетбол.
6. Андрей хорошо играет в шахматы.
7. Александр быстро читает книги.

연습문제 24 괄호안의 단어를 활용하여 질문에 답하시오.

보기 Сейчас она отдыхает или работает?
– Сейчас она отдыхает.

1. Обычно вечером он смотрит телевизор или занимается спортом?(смотреть телевизор).
2. Сейчас он обедает или изучает корейский язык? (изучать

| 러시아어 문법 |

корейский язык).

3. Утром он работает или отдыхает? (работать).

4. Вечером Джисонг делает домашнее задание или смотрит телевизор? (делать домашнее задание).

5. Сейчас Мина спит или читает? (читать).

6. Хэрим знает «Excel»или «SPSS»? (знать «Excel»).

7. Он читает роман или детектив? (читать детектив).

8. Она смотрит мелодраму или комедию? (смотреть мелодраму).

연습문제 25 다음 글을 읽고, 요약해 보시오.

Утром Марина работает. Обычно она завтракает дома. Днем она тоже работает. Но обедает она дома. Здесь она иногда пьет кофе. Она любит это кафе. После работы Марина смотрит телевизор, читает газеты, журналы, пишет письма. Обычно она ужинает в этом ресторане. Вечером она занимается спортом.

연습문제 26 다음 질문에 답하고, 알맞은 대명사를 써넣으시오.

보기 Что он делает утром?
– Утром он завтракает.

1. Что _____ делает утром? Утром _____ занимается спортом.
   Что _____ делает утром? Утром _____ работает.
2. Что _____ делают утром? Утром _____ читают газеты.
3. Что _____ делаете днём? Днём _____ смотрим телевизор.
   Что _____ делают днём? Днём _____ изучают русский язык.
   Что _____ делают днём? Днём _____ учатся.

Что _____ делаете днём? Днём _____ работаю.

4. Что _____ делаете вечером? Вечером _____ отдыхаю.

Что _____ делают вечером? Вечером _____ читают.

Что _____ делаете вечером? Вечером _____ занимаюсь спортом.

Что _____ делаете вечером? Вечером _____ ужинаем.

연습문제 27 괄호안의 단어를 활용하여 질문에 답하시오.

보기 Вы _____ газеты? (читать)
Вы читаете газеты?

1. Да, я каждое утро _____ газеты. (читать)
2. Утром Марина _____? (работать)
3. Обычно он _____ дома. (завтракать)
4. Днем они тоже _____ (работать), но _____ они дома. (обедать)
5. Здесь мы иногда _____ кофе. (пить)
6. Она _____ это кафе? (любить)
7. После работы Павел _____ телевизор. (смотреть), _____ газеты и журналы. (читать)
8. Мы _____ письма каждый день. (писать)
9. Обычно она _____ в этом ресторане. (ужинать)
10. Вечером она _____ спортом. (заниматься)

| 러시아어 문법 |

연습문제 28 괄호안의 단어를 활용하여 질문에 답하시오.

보기 Он делает упражнение или учит правило?
– Он учит правило и делает упражнение.

1. Он ужинает или смотрит телевизор?
2. Она занимается спортом или слушает музыку.
3. Они слушают диалоги или читают текст.
4. Он обедает или читает роман?
5. Они изучают английский язык или русский язык.
6. Он делает упражнение или учит диалог?

연습문제 29 괄호안의 단어를 활용하여 질문에 답하시오.

보기 Мария читает журнал? (письмо)
– Да, она читает журнал.
– Нет, она читает письмо.

1. Светлана смотрит телевизор? (слушает радио)
2. Она смотрит новости? (писать письмо)
3. Он пишет письмо? (учить правило)
4. Станислав изучает корейский язык? (учить китайский язык)
5. Они смотрят фильм? (читать текст).

연습문제 30 다음 질문에 답하시오.

보기 Когда вы завтракаете, утром или днём?
– Я завтракаю утром.

1. Когда вы обедаете, днём или вечером?
2. Когда вы ужинаете, вечером или днём?
3. Когда вы слушаете радио, утром или вечером?
4. Когда вы работаете, днём или утром?
5. Когда вы отдыхаете, днём или вечером?
6. Когда вы читаете газеты, утром или вечером?

연습문제 31 다음 글을 읽고 답하시오.

1. — Что делает преподаватель?
   — Преподаватель читает.
2. — Что делают студенты?
   — Студенты слушают.
3. — Что они делают днём?
   — Днём они работают.
4. — Что делает Джисонг?
   — Джисонг отвечает урок.
5. — Что вы делаете вечером?
   — Вечером мы отдыхаем.
6. — Что вы делаете сейчас? (Что ты делаешь сейчас?)
   — Сейчас я читаю письмо.

| 러시아어 문법 |

연습문제 32 괄호안의 단어를 활용하여 질문에 답하시오.

보기 Что вы делаете сейчас? (отдыхать)
– Сейчас мы отдыхаем.

1. Что вы делаете вечером? (ужинать, отдыхать, гулять)
2. А что Джисонг делает вечером? (работать)
3. Что студенты делают сейчас? (читать текст, повторять глаголы, отвечать урок)
4. Что они делают утром? (завтракать, читать газеты, слушать радио)
5. Что ты делаешь сейчас? (читать письмо)
6. Что Анна делает сейчас? (писать упражнение)
7. Что она делает вечером? (ужинать, отдыхать, читать журналы).

연습문제 33 다음 질문에 답하시오.

1. Что делает Хэрим после урока?
2. Что делает Джисонг утром?
3. Что он делает днём?
4. Что делают студенты сейчас?
5. Что они делают вечером?
6. Что вы делаете сейчас?
7. Что вы делаете утром?
8. Что вы делаете вечером?
9. Что делает Мина после обеда?
10. Что вы делаете после урока?
11. Что делают студенты после ужина?
12. Что делает Джиёнг после завтрака?

꼭 기억할 것!

ДЕЛАТЬ의 변화

Я	делаю	Что я делаю?	ОН	делает	Что он делает?
ТЫ	делаешь	Что ты делаешь?	ОНА	делает	Что она делает?
МЫ	делаем	Что мы делаем?	ОНИ	делают	Что они делают?
ВЫ	делаете	Что вы делаете?	ОНО	делает	Что оно делает?

연습문제 34 다음 질문에 답하시오.

 Вы знаете, что он делает?

– Да, я знаю, что он делает. Он пишет письмо.

– Нет, я не знаю, что он делает.

1. Вы знаете, когда Джон работает?
2. Вы знаете, что он делает вечером?
3. Вы знаете, когда он отдыхает?
4. Вы знаете, что Анна делает сейчас?
5. Вы знаете, когда она учит уроки?
6. Вы знаете, как она говорит по-русски?
7. Вы знаете, когда мы обедаем?
8. Вы знаете, что мы делаем после обеда?

| 러시아어 문법 |

연습문제 35   다음 보기와 같이 утром, днём, вёчером, рано утром, поздно вечером을 사용하여 문장을 완성하시오.

보기   Когда вы завтракаете?
– Я завтракаю утром.

1. Когда Санми ужинает?
2. Когда Вы делаете домашнее задание?
3. Когда Вы занимаетесь спортом?
4. Когда Марина пьёт кофе?
5. Когда Микёнг слушает музыку?
6. Когда обычно Мария смотрит телевизор?
7. Когда вы обедаете?
8. Когда вы ужинаете?
9. Когда вы завтракаете?
10. Когда вы обычно читаете газеты?
11. Когда Мина отдыхает?
12. Когда Пак Джисон слушает радио?
13. Когда Харим читает романы?
14. Когда он отвечает на письма?
15. Когда он читает новости?

연습문제 36   괄호안의 단어를 활용하여 질문에 답하시오.

보기   Что вы делаете сейчас? (отдыхать, слушать музыку, смотреть телевизор).
- Сейчас мы отдыхаем, слушаем музыку и смотрим телевизор.

1. Что вы обычно делаете вечером? (ужинать, читать газеты, писать письма, смотреть телевизор)

2. Что Мина делает утром? (завтракать, пить кофе, читать газеты)

3. Что студенты делают утром? (переводить текст, делать упражнения, читать диалог)

4. Что Джисонг делает утром? (работать, писать письма, переводить тексты)

5. Что ты делаешь днём? (заниматься спортом, играть с сквош, играть в теннис)

6. Что Максим обычно делает днём? (изучать корейский язык, писать упражнения, переводить тексты)

7. Что они обычно делают днём? (обедать, слушать радио, делать домашнее задание)

연습문제 37 다음 글을 읽고 암기하시기 바랍니다.

1. Когда Мина переводит тексты?
   - Мина переводит тексты утром.
   Что Мина делает утром?
   - Утром Мина переводит тексты.

2. Когда Джисонг читает детективы?
   - Он читает детективы вечером.
   Что Джисонг делает вечером?
   - Вечером он читает детективы.

3. Когда студенты занимаются спортом?
   - Они занимаются спортом вечером.
   Что студенты делают вечером?
   - Вечером они занимаются спортом.

4. Когда обычно Хэрим пьёт кофе?
   – Хэрим обычно пьёт кофе утром.
   Что Хэрим делает утром?
   – Она пьёт кофе.

| 러시아어 문법 |

연습문제 38 다음 질문에 답하시오.

1. Как вы говорите по-русски?
2. Как Мина читает по-русски?
3. Как она знает сегодня урок?
4. Как она пишет?
5. Когда вы завтракаете?
6. Когда Джисонг работает?
7. Когда он отдыхает?
8. Когда вы обедаете?
9. Когда вы слушаете радио?
10. Что делают студенты днём?
11. Что они делают вечером?
12. Что вы делаете сейчас?
13. Что вы делаете вечером?
14. Вы говорите по-русски?
15. Микёнг хорошо знает урок?
16. Она читает по-русски быстро?
17. Вы читаете газеты утром?
18. Вы работаете днём?

연습문제 39 다음 질문을만드시오.

1. Он врач.
2. Он много работает.
3. Она читает текст быстро.
4. Иногда она обедает в ресторане.
5. Они переводят текст.
6. Каждый день они занимаются спортом.
7. Утром Хэрим пьёт кофе.

8. Он читает газеты вечером.
9. Сейчас Мина смотрит новости.
10. Джон играет в гольф каждый вечер.

연습문제 40 다음 우리말을 러시아어로 옮기시오.

우리는 러시아에 있는 대학교에서 러시아어를 공부했습니다.

하림은 학생입니다. 그녀는 작년에 러시아에 있는 대학교에서 러시아어를 공부했습니다. 그녀는 모스크바에 살았습니다. 그녀는 МГУ에서 공부했습니다. 이 대학교는 러시아에서 가장 좋은 학교입니다. 하림은 아직 러시아어로 잘 말하지 못합니다. 그러나 잘 읽고 많이 이해합니다.

교실에서 학생들은 글을 해석하고 인터뷰를 읽고 연습문제를 풀었습니다. 기숙사에서 하림은 라디오를 듣고 영화를 봤습니다.

그녀에게 모스크바에서 러시아어를 공부하는 것은 정말 흥미로웠습니다.

하림에게 친구가 있었습니다. 그녀의 이름은 마리야입니다. 그녀는 러시아 학생입니다. 마리야는 모스크바에 삽니다. 그녀는 대학교에서 한국어를 공부했습니다.

그들은 같이 전시회, 극장, 영화관, 박물관, 콘서트를 가는 것을 좋아했습니다. 마리야와 하림은 도서관에서 러시아책을 함께 읽었습니다.

마리야는 자주 하림에게 러시아의 부유한 문화, 전통, 역사에 대해 이야기해 주었습니다.

| 러시아어 문법 |

연습문제 41 다음 우리말을 러시아어로 옮기시오.

스베뜰라나: 여보세요?
마리나: 네, 듣고있어요.
스베뜰라나: 좋은 저녁이에요! 저 스베뜰라나에요.
마리나: 아, 스베뜰라나 좋은 저녁이에요. 목소리 들어서 기뻐요. 러시아에서 잘 지내세요?
스베뜰라나: 모든게 정말 좋아요. 감사해요. 잘 지내세요?
마리나: 정말 잘 지내요.
스베뜰라나: 마리나, 지금 어디세요? 대학교인가요?
마리나: 아니요. 대학교에없어요. 집이에요.
스베뜰라나: 지금 뭐하세요?
마리나: 숙제해요. 지금은 컴퓨터로 자료와 발표준비를 하고 있어요.
스베뜰라나: 주제가 무엇인가요?
마리나: 푸쉬킨의소설 "Евгений Онегин"입니다.

스베뜰라나: 그거 엄청 재미있어요! 상트뻬쩨르부르크의 극장에서 "Евгений Онегин" 오페라를 봤어요. 이메일로 사진들 보내줄게요.

마리나: 감사해요! 재미있네요! 러시아를 여행하고 있나요?

스베뜰라나: 그럼요.

| 러시아어 문법 |

04 명사의 소유대명사 – 복수 명사 와 질문 «Чей?», «Чья?», «Чьё?», «Чьи?»

💡 꼭 기억할 것!

	Чей?	Чья?	Чьё?	Чьи?
	Чей это телефон? **ЧЕЙ ОН?**	Чья это книга? **ЧЬЯ ОНА?**	Чьё это окно? **ЧЬЁ ОНО?**	Чьи это ручки? **ЧЬИ ОНИ?**
Чей?	ОН	ОНА	ОНО	ОНИ
Чья?	Телефон,	Книга,	Окно,	Телефоны,
Чьё?	компьютер,	ручка,	озеро,	ручки,
Чьи?	журнал…	газета…	расписание…	окна…

		나는(My, Mine)		
Я	Мой	Моя	Моё	Мои
		너는(Your, yours)		
Ты	Твой	Твоя	Твоё	Твои
		우리들은(Our, ours)		
Мы	Наш	Наша	Наше	Наши
		너희들은(Your, yours)		
Вы	Ваш	Ваша	Ваше	Ваши
		그는(His)		
Он	Его	Его	Его	Его

그녀는(Her)				
Она	Её	Её	Её	Её
그들은(Their)				
Они	Их	Их	Их	Их

연습문제 42 괄호안에 주어진 단어를 사용하여 문장을 완성하시오.

1. Это (мой/моя/моё) _____ семья. Это (мой/моя/моё) _____ папа. Он инженер. Его зовут Михаил Иванович. А это (мой/моя/моё) _____ мама. Она врач. Её зовут Мария Петровна. Это (мой/моя/моё) _____ сестра. Она студентка. Её зовут Елена. Это (мой/моя/моё) _____ брат. Его зовут Михаил. Он тоже студент? Нет, он не студент. Он еще школьник. Правда? (Мой/моя/моё) _____ брат тоже школьник.

2. Это (мой/моя/моё) _____ комната. Это (мой/моя/моё) _____ компьютер. Это (мой/моя/моё) _____ фотография. Здесь (мой/моя/моё) _____ стол. Вот (мой/моя/моё) _____ кресло. Это (мой/моя/моё) _____ шкаф. Это (мой/моя/моё) _____ окно. А вон там (мой/моя/моё) _____ дерево.

3. Это (мой/моя/моё) _____ офис. Это (мой/моя/моё) _____ стол. Это (мой/моя/моё) _____ компьютер. Это (мой/моя/моё) _____ кресло. Это (мой/моя/моё) _____ папка.

4. Это (мой/моя/моё) _____ брат. Его зовут Илья. Он студент. Это (мой/моя/моё) _____ сестра. Её зовут Вера. Она тоже студентка.

5. Это (мой/моя/моё) _____ друг. Его зовут Дмитрий. Он переводчик.

6. Это (мой/моя/моё) _____ собака. Её зовут Дина. Это (мой/моя/

| 러시아어 문법 |

моё) _____ кошка. Её зовут Соня.

연습문제 43 다음 질문에 답하시오.

보기 Михаил, ты знаешь, где моя тетрадь?
– Да, знаю. Вот она.
– Нет, я не знаю где она.

1. Светлана / карандаш.
2. Роман / компьютер.
3. Сергей / книга.
4. Дмитрий / газета.
5 Мария / словарь.
6. Алексей / окно.
7. Харим / комната.

연습문제 44 괄호안의 단어를 활용하여 질문에 답하시오.

1. Это общежитие. Илья, посмотри, вот (твой/твоя/твоё) твоя комната. Это (твой/твоя/твоё) _____ компьютер. Это (твой/твоя/твоё) _____ стол. Вот (твой/твоя/твоё) _____ стул. Это (твой/твоя/твоё) _____ кровать. Это (твой/твоя/твоё) _____ шкаф. Здесь (твой/твоя/твоё) _____ зеркало.
А где (твой/твоя/твоё) _____ комната, Сергей?
А вот (мой/моя/моё) _____ комната. Здесь (мой/моя/моё) _____ ноут бук. Это (мой/моя/моё) _____ стол. Вот здесь (мой/моя/моё) _____ кровать.

2. Это твой словарь? - Да, это мой словарь.

Это _____ _____ _____ зеркало? - Да, это _____ _____ _____ зеркало.
Это _____ _____ _____ брат? - Да, это _____ _____ _____ брат.
Это _____ _____ _____ сестра? - Нет, это не _____ _____ _____ сестра.
Это (я) мой дом. Это (я) _____ _____ _____ комната. Это (я) _____ _____ _____ друг. Это (я) _____ _____ картина. Это (ты) _____ _____ _____ журнал. Это (ты) _____ _____ _____ словарь? – Да, это (я) _____ _____ _____ словарь. Это (ты) _____ _____ _____ книга. Это (ты) _____ _____ _____ видеокамера.

연습문제 45 괄호안의 단어를 활용하여 질문에 답하시오.

1. Это (я) _____ сестра. Её зовут Мария. Она студентка. Здесь (она) _____ комната. Это (она)_____ компьютер. Это (она) кресло. Это (она) _____ книга. Здесь (она) словарь, журнал, газета и тетрадь.
2. Это (я) _____ подруга. Её зовут Светлана. Это (она) _____ фотография. Это (она) _____ семья. Здесь (она) _____ родители.
3. Михаил, ты знаешь где (я)_____ словарь?
4. Да, я знаю где (ты) _____ словарь. Вот он. Спасибо!
5. Светлана, ты знаешь, где сейчас Мария? Да, знаю где она. Она сейчас дома. Вот (она)_____ квартира. Спасибо!

연습문제 46 괄호안의 단어를 활용하여 질문에 답하시오.

보기 Это (мой, моя, моё) моя семья.

1. (Кто\что) _____ это?
— Это фотография. Это (мой, моя, моё) _____ семья.
2. (Кто\что) _____ это?
— Это (мой, моя, моё) _____ мама.

| 러시아어 문법 |

3. Как (она) _____ зовут?

— (Она) зовут Марина Ивановна.

4. А (кто\что) _____ это?

— Это (мой, моя, моё) _____ папа.

5. ЭКак (он) _____ зовут?

— (Он) _____ зовут Виктор Петрович.

6. А это (твой, твоя, твоё) _____ сестра?

— Да, это (мой, моя, моё) _____ сестра.

7. Как (она) _____ зовут?

— (Она)зовут _____ Ирина.

8. (Кто\что) _____ это?

— Это (мой, моя, моё) _____ брат.

9. Как (он) _____ зовут?

— (Он) _____ зовут Дмитрий.

10. А это (твой, твоя, твоё) _____ дедушка?

— Да, это (мой, моя,моё) _____ дедушка.

11. Как (он) _____ зовут?

— (Он) _____ зовут Иван Петрович.

연습문제 47 괄호안의 단어를 활용하여 질문에 답하시오. (Чей?, Чья?, Чьё?)

В офисе

예) Это Марина. Она экономист. Чей это компьютер? Это её компьютер? Да, это её компьютер.

1. Это Виктор. Он врач. _____ офис? Это _____ офис? Да, это _____ офис.

2. Это Иван Петрович. Он инженер. _____ это фотография? Это _____ фотография. Да, это _____ фотография.

3. Это бабушка и дедушка. _____ это дом? Это _____ дом? Да, это _____ дом.

4. Это папа и мама. _____ это машина? Это _____ машина? Да, это _____ машина.

연습문제 48 괄호안의 단어를 활용하여 질문에 답하시오. (его, её ...)

1. Владимир, это _____ сестра?
— Да, это _____ сестра.
2. Кто она?
— Она инженер.
3. Как _____ зовут?
— _____ зовут Марина.
4. Это _____ сын?
— Да, это _____ сын.
— Он школьник _____ зовут Саша.
5. А кто это? Это _____ мама?
— Нет, это не _____ мама, это _____ тётя.
— _____ зовут Елена.
6. Кто она?
— Она врач. Вот _____ муж. _____ зовут Александр. Он инженер.
7. Это _____ офис?
— Это Роман. Он Экономист. Слева _____ кабинет.
— Это Светлана. Она _____ юрист. Справа _____ кабинет.
— Я где _____ кабинет, Виктор.
— Здесь _____ кабинет. Это _____ компьютер. Это _____ стол. Вот _____ кресло.
8. А это _____ кабинет?
— Там никого нет.

| 러시아어 문법 |

연습문제 49 **다음 우리말을 러시아어로 옮기시오.**

여기는 회사입니다. 여기 이것은 나의 캐비넷입니다. 여기 책상과 안락의자가 있습니다. 오른쪽에 컴퓨터와 프린트가 있습니다. 여기에 전화기와 팩스가 있습니다. 여기에 테이블램프와 거울이 있습니다. 이것은 그림입니다. 여기 또한 그림과 사진이 있습니다. 왼쪽에 책장이 있습니다. 저기에 책, 폴더, 노트북, 종이가 있습니다. 이것은 사진입니다. 여기 내 가족이 있습니다. 오른쪽 엔 저의 엄마입니다. 그녀는 나탈랴블라디미로브나입니다. 그녀는 의사입니다. 여기는 저의 아빠 빅토르니콜라비치입니다. 그 또한 의사입니다. 왼쪽에 남동생입니다. 그의 이름은 율리입니다. 그는 학생입니다. 그녀의 이름은 율리야입니다. 그녀는 초등학생입니다. 그리고 여기는 나의 언니입니다. 그녀의 이름은 스베틀라나입니다. 그녀는 간호사입니다.

연습문제 50 다음 우리말을 러시아어로 옮기시오.

마리나, 안녕하세요
환영합니다.
여기는 저희 회사입니다.
그리고 이것은 나의 케비넷입니다.
앉으세요. 여기 의자있습니다.
이게 뭐에요? 그림입니까?
아니요, 이것은 사진입니다. 나의 가족입니다.
오른쪽에 계신 분은 누구십니까?
이분이 당신의 언니입니까?
아니요, 이분은 나의 언니가 아닙니다.
이분은 저의 엄마입니다.
그녀의 이름이 무엇입니까?
그녀는 나탈리야블라지미로브나입니다.
그리고 이분이 당신의 아버지입니까?
네, 그분은 저의 아버지입니다.
그의 이름이 무엇입니까?
그의 이름은 빅토르 니콜라이비치입니다.
그리고 이사람은 누구입니까?
나의 남동생입니다.
그의 이름은 율리입니다.
당신의 가족은 훌륭하군요.

| 러시아어 문법 |

연습문제 51 다음 우리말을 러시아어로 옮기시오.

여기 보세요. 여기에 당신의 케비넷이 있습니다. 여기에 의자와 안락의자가 있고, 컴퓨터가 있습니다. 여기에 책장이 있습니다. 이것은 무엇입니까? 전화기입니까? 아니요, 이것은 전화기가 아닙니다. 이것은 팩스입니다. 그리고 이것이 전화기입니다.

꼭 기억할 것!

No, you have made a mistake!	Is this your car?	No, you have made a mistake. This is not my car.
Нет, Вы ошиблись!	Это Ваша машина?	Нет, Вы ошиблись. Это не моя машина.

Нет, Вы ошиблись!

1. Это Ваше письмо? – Нет, вы ошиблись. Это не моё письмо.
2. Это Ваша машина? – Нет, вы ошиблись. Это не моя машина.
3. Это Ваш компьютер? – Нет, Вы ошиблись. Это не мой компьютер.
4. Это Ваше расписание? – Нет, вы ошиблись. Это не моё расписание.
5. Это Ваша квартира? – Нет, вы ошиблись. Это не моя квартира.
6. Это Ваш учебник? – Нет, Вы ошиблись. Это не мой учебник.

연습문제 52 괄호안의 단어를 활용하여 질문에 답하시오.

— Где (твой, твоя, твоё) _____ дедушка?
— Вот (он, она, оно) _____
— Что (он, она, оно) _____ сейчас (делать) _____?
— (Он, она, оно) _____ (читать) _____ журнал.
— Где (твой, твоя, твоё) _____ папа?
— Вот (он, она, оно) _____
— Что (он, она, оно) (делать) _____?
— (Он, она, оно) _____ (читать) _____ книгу.
— Дедушка и папа очень (любить) _____ читать. (мой, моя, моё) _____ мама тоже любит читать.
— Что (он, она, оно) _____ сейчас (читать) _____?
— Она (читать) _____ роман. Каждый день (он, она, оно) _____ (читать) _____ газеты.

| 러시아어 문법 |

— Рома, а ты (любить) _____ читать?
— Да, я очень (любить) _____ читать.
— Что ты (любить) _____ читать?
— Я (любить) _____ читать журналы.

💡 꼭 기억할 것!

복수(Множественное число)
Г, К, Х, Ж, Ш, Ч, Щ 의 뒤에는 -ы를 쓸 수 업고 -и 써야 안다

> ЖИ, ШИ
> ЧИ, ЩИ　　　right　　　И　　　NOT　　　Ы
> ГИ, КИ, ХИ
>
> ЭТАЖ – ЭТАЖИ, КАРДИОЛОГ - КАРДИОЛОГИ

💡 꼭 기억할 것!

명사의 성(性)에 대하여

Мужской род(남성)	Женский род(여성)	Средний род(중성)
For masculine nouns:	For feminine nouns:	For neuter nouns:
If the word ends in a consonant, add "ы" Replace "й" with "и" Replace "ь" with "и".	Replace "а" with "ы" Replace "я" with "и" Replace "ь" with "и".	Replace "о" with "а" Replace "е" with "я" (Replace "ко" with "и" except: войско - войска, облако - облака).
-ы, -и	-ы, -и	-а, -я

Ед.ч.	Мн.ч.	Ед.ч.	Мн.ч.	Ед.ч.	Мн.ч.
документ	документы	газета	газеты	письмо	письма
музей	музеи	песня	песни	окно	окна
этаж	этажи	ночь	ночи	море	моря
врач	врачи	ручка	ручки	озеро	озёра

해설

- вода, молоко, масло, мука, железо 등과 같은 물질명사와 дружба, любовь, внимание 등과 같은 추상명사는 항상 단수형으로만 사용된다.
- 약간의 명사들은 항상 복수형으로만 사용된다. часы, деньги, каникулы 등
- 어떤 명사들의 단수·복수형은 완전히 다른 단어들에 의해서 표현된다. ребёнок – дети, человек – люди.
- 어미 –е ц와 –о к로 끝나는 남성명사들은 복수형에서 모음 –е 또는 –о 가 탈락된다. отец – отцы, потолок – потолки.

| 러시아어 문법 |

💡 꼭 기억할 것!

명사 복수의 특수변화

- 다음의 남성명사들은 복수에서 어미 -а또는 -я를 취하는데, 이 경우에는 항상 어미에 역점이 온다.

Единственное число	Множественное число	Единственное число	Множественное число
город	город**а**	дом	дом**а**
номер	номер**а**	глаз	глаз**а**
адрес	адрес**а**	берег	берег**а**
лес	лес**а**	учитель	учител**я**

- 다음의 남성명사와 중성명사들은 복수에서 어미-ья를 취한다.

Единственное число	Множественное число	Единственное число	Множественное число
город	город**а**	дом	дом**а**
номер	номер**а**	глаз	глаз**а**
адрес	адрес**а**	берег	берег**а**
лес	лес**а**	учитель	учител**я**

Единственное число	Множественное число	Единственное число	Множественное число
врач	врачи	педиатр	педиатры
кардиолог	кардиологи	рентгенолог	рентгенологи
невропатолог	невропатологи	стоматолог	стоматологи
нейрохирург	нейрохирурги	терапевт	терапевты
окулист	окулисты	травматолог	травматологи
ортопед	ортопеды	уролог	урологи

| 러시아어 문법 |

연습문제 53 괄호안의 단어를 활용하여 질문에 답하시오.

	Это магазин.
(ручка)	
тетрадь	
бумага	— Это магазин?
карандаш	— Да, это магазин.
учебник	— Здесь ручк ____, тетрад ____, бумаг ____,
словарь	карандаш ____, учебник ____,
книга	словар ____, книг…, журнал ____,
журнал	газет____
газета	
	Это конференция.
терапевт	
хирург	
нейрохирург	— Это конференция?
стоматолог	— Да, это международная конференция.
кардиолог	Здесь талантливые учёные, врачи,
травматолог	интерны и студенты.
ортопед	— Здесь ____
окулист	
невропатолог	

Это выставка.	
музыкант	
писатель	
поэт	
художник	
бизнесмен	— Это кинофестиваль?
экономист	— Да, это кинофестиваль. Здесь
юрист	талантливые _____
актёр	
актриса	
спортсмен	
спортсменка	

| 러시아어 문법 |

05 동사의 과거시제에 대하여

💡 꼭 기억할 것!

동사의 과거시제

Инфинитив	Прошедшее время
читать	он чита**л** она чита**ла** они чита**ли**
заниматься	он занима**лся** она занима**лась** они занима**лись**

Говорить	
Студент говорил.	Он говорил.
Студентка говорила.	Она говорила.
Студенты говорили.	Они говорили.
Радио говорило.	Оно говорило.

Кого вы видели?	Что вы видели?
Я видел Александра.	Я видел самолёт.
Я видел Миру	Я видел машину
Я видел актёров и режиссёров	Я видел самолёты и машины

연습문제 54 동사의 과거시제

Читать, повторять, писать, понимать, знать, делать, учить, петь, танцевать, переводить, жить, работать, изучать, учиться, отвечать, спрашивать, любить, объяснять, говорить, смотреть.

연습문제 55 동사의 과거시제

보기 Сейчас я учу новые слова. _____
Сейчас я учу новые слова.
Вчера я тоже учил новые слова.

1. Сейчас Михаил слушает радио. _____
2. Сейчас мы читаем текст. _____
3. Джисонг играет в теннис. _____
4. Харим смотрит новости. _____
5. Сейчас учитель объясняет правило. _____
6. Они читают газеты. _____
7. Студенты занимаются английским языком.
8. Сейчас мы слушаем передачу. _____
9. Сегодня мы сдаём экзамен. _____

연습문제 56 동사의 과거시제

Студенты изучают русский язык в России. На уроке они учат правила, читают тексты, диалоги и рассказы. Потом преподаватель задаёт вопросы. Студенты отвечают. Студенты пишут упражнения, диктанты и сочинения. Дома они слушают радио, смотрят телевизор, учат русские песни. Они часто ходят в театр по вечерам.

| 러시아어 문법 |

연습문제 57 다음 문장을 보고 알맞은 질문을 만드시오.

보기 Вчера я видел Наташу.
Вчера я видел интересный учебник.
- Кого ты видел?
- Что ты видел?

1. Вчера я два часа ждал Ивана.
2. Сегодня я видел Анну.
3. Вчера я читал интересную книгу.
4. Позавчера я смотрел новый журнал.
5. Я долго искал тетрадь и учебник.
6. Декан спрашивал Ахмеда.
7. Я изучал математику.

연습문제 58 괄호안에 주어진 단어를 사용하여 다음 질문에 답하시오.

1. Что он взял в библиотеке вчера? (учебник по экономике)
2. Кого вы встретили в университете днём? (Хэрим, Мира, Александр)
3. Что Вы обычно смотрите? (новости, передачи)
4. Кого врач видел? (интерны и пациенты).
5. Что вы изучали на лекции? (история России)

연습문제 59 다음 우리말을 러시아어로 옮기시오.

미나: 저는 러시아어를 공부하고 러시아에 대해서 발표를 준비합니다. 사전있나요?

하림: 네, 책상 위에 한-러사전이 있습니다. 저기 선반에 러-한사전이 있어요. 가방에 노트북이 있습니다. 파워포인트 프로그램도 있습니다. 이 파일철에 저의 사진들도 있습니다.

미나: 좋아요! 감사합니다! 러시아어를 잘하는군요! 러시아어를 어디서 배우셨나요?

하림: 러시아 모스크바에서 공부했습니다.

미나: 어디 대학교를 다니셨습니까?

하림: МГУ에 다녔습니다.

미나: 러시아어를 얼마나 공부하셨습니까?

하림: 1년이요.

미나: 저는 러시아에 가 보지 못했습니다. 모스크바에서 러시아어를 공부하는 것이 좋았습니까?

하림: 네, 정말로요. 저는 여자친구가 있습니다. 그녀는 학생이고 대학교에 다닙니다. 그녀의 이름은 마리야입니다. 그녀는 한국어를 공부합니다. 그녀는 저를 모두 이해합니다. 우리는 극장, 영화관, 전시회에 자주 갔었습니다. 가끔 여행도 갔습니다. 상트뻬쩨르부르크와 예카쩨린부르크에도 갔습니다.

| 러시아어 문법 |

06 동사의 미래시제에 대하여

 꼭 기억할 것!

동사의 미래시제

быть (будущее время)			
Я	буду делать	МЫ	будем делать
ТЫ	будешь делать	ВЫ	будете делать
ОН, ОНА, ОНО	будет делать	ОНИ	будут делать

연습문제 60 동사의 미래시제

1. Сейчас урок. Том учится. Он читает русские тексты, переводит и рассказывает их, говорит и пишет по-русски.
2. Светлана делает домашнее задание. Она учит новые слова и грамматику, пишет текст, читает диалоги и рассказы. Вечером Света и её сестра слушают радио.

연습문제 61 괄호안의 단어를 활용하여 질문에 답하시오.

1. Я (готовить) доклад.
2. Сейчас студент (читать) диалог.
3. Преподаватель (рассказывать) о России.
4. Сейчас я (писать) диалог.
5. Завтра профессор (объяснять) грамматику.
6. Ты (изучать) китайский язык?
7. Вечером Мария (смотреть) телевизор, а Луис (писать) письмо.
8. Дома я (делать) домашнее задание.
9. Вы сегодня (слушать) новости?

연습문제 62 동사의 미래시제

Сейчасурок. На уроке очень интересно. Сейчас мы читаем текст. Затем преподаватель задаёт вопросы. Студенты отвечают на вопросы. Потом преподаватель читает диалог, а студенты повторяют каждое предложение. Преподаватель объясняет грамматику. Мы учим новые слова. Сначала студенты читают слова, потом пишут в тетради.
В конце урока преподаватель проверяет домашнее задание.

| 러시아어 문법 |

연습문제 63 다음 단어를 사용하여 문장을 완성하시오. (тоже буду…)

보기 Я учу новые слова.
Завтра я тоже буду учить новые слова.

1. Мира смотрит интересный детектив.
2. Сейчас Светлана делает домашнее задание.
3. Мои друзья смотрят телевизор, читают журналы, слушают радио, пишут письма.
4. Преподаватель задаёт вопросы.
5. Мой друг хорошо читаетстихи.
6. Преподаватель проверяет диктант.
7. Харим читает русские диалоги, пишет текст, отвечает на вопросы.
8. Я пишу письма и перевожу диалоги.

연습문제 64 괄호안의 단어를 활용하여 질문에 답하시오.

1. Когда Мария будет писать контрольную работу? (пятница)
2. Когда ты будешь смотреть детектив? (воскресенье)
3. Когда Олег играл в футбол? (суббота)
5. Когда студенты учили диалог? (понедельник)
6. Когда преподаватель будет проверять домашнее задание (четверг)
7. Когда вы будете работать? (вторник)

연습문제 65 다음질문에답하시오.

1. Когда вы будете смотреть новый фильм?
2. Когда вы будете гулять?
3. Когда вы будете отмечать праздник?

4. Когда ваш друг будет переводить текст?

5. Когда вы будете писать письмо домой?

6. Когда ваша подруга учила стихи?

7. Когда вы слушали музыку?

8. Когда вы принимали гостей?

9. Когда ваш русский друг показывал вам город?

연습문제 66 다음 우리말을 러시아어로 옮기시오.

내일은 하림의 생일입니다!

내일은 하림의 생일입니다. 그녀는 친구들을 많이 초대했습니다.
파티에 할머니와 할아버지가 서울에서 올 것입니다.
하림의 형제와 여동생도 옵니다. 파티는 한국 식당에서 열립니다.
친구들은 하림을 축하해 줄 것입니다.
그들은 선물, 엽서를 주고 시를 읽어 줄 것입니다.
저녁에는 모두들 하림에게 손님으로 갈 것입니다.
거기에서 손님들은 노래를 부르고 춤을 출 것입니다.
하림의 가족들은 큰 생일케익을 준비하였습니다.
하림은 소원을 빌고 촛불을 불 것입니다.
그 다음 하림과 친구들은 해변에 가서 불꽃놀이를 할 것입니다.

| 러시아어 문법 |

07 질문 «У вас есть?»

🔅 꼭 기억할 것!

		У КОГО?			
Я	I	У МЕНЯ	Мы	We	У НАС
Ты	You	У ТЕБЯ	Вы	You	У ВАС
Он	He	У НЕГО	Они	They	У НИХ
Она	She	У НЕЁ			
Оно	It	У НЕГО			

РОДИТЕЛЬНЫЙ ПАДЕЖ (생격)
(КОГО? ЧЕГО?)

	Singular		
Noun кого? чего?	Masc.	Neut.	Fem.
	-а, -я	-а, -я	-ы, -и
	словаря	письма	книги

연습문제 67 다음 질문에 답하시오.

У вас есть словарь?

- Да, есть. Да, у меня есть словарь.

- Нет, у меня нет словаря.

У тебя есть ручка?

- Да, _____

- Нет, _____

У него есть машина?

- Да, _____
- Нет, _____

У неё есть компьютер?
- Да, _____
- Нет, _____

У них есть видеокамера?
- Да, _____
- Нет, _____

08 형용사 활용

💡 꼭 기억할 것!

This ЭТОТ ЭТА ЭТО ЭТИ	ОН М.р.	ОНА Ж.р.	ОНО С.р.	Они
	ЭТОТ	ЭТА	ЭТО	ЭТИ
	шарф 스카프	шапка 모자	пальто 코트	часы 시계

연습문제 68 괄호안의 단어를 활용하여 질문에 답하시오. (эта, это, этот, эти).

1. Сколько стоит _____ рубашка?
2. Сколько стоит _____ юбка?
3. Сколько стоит _____ сумка?
4. Сколько стоит _____ блуза?
5. Сколько стоит _____ сумка?
6. Сколько стоит _____ компьютер?
7. Сколько стоит _____ ноутбук?
8. Сколько стоит _____ свитер?

| 러시아어 문법 |

9. Сколько стоит _____ пальто?
10. Сколько стоит _____ перчатки?
11. Сколько стоит _____ брюки?
12. Сколько стоит _____ туфли?
13. Сколько стоит _____ шарф?

꼭 기억할 것!

Дорого Expensive Дёшево Cheap 비싼 / 싼	ОН М.р.	ОНА Ж.р.	ОНО С.р.	Они
	Дорогой Дешёвый	Дорогая Дешёвая	Дорогое Дешёвое	Дорогие Дешёвые
	шарф	шапка	пальто	часы
	스카프	모자	코트	시계

연습문제 69 다음 단어를 사용하여 문장을 완성하시오.

보기 Покажите, пожалуйста, эту серую шапку. Сколько она стоит?
Она стоит семь тысяч рублей.
Это очень дорого.

(Синий свитер, чёрные перчатки, коричневый шарф, замшевые сапоги, красное пальто, серое платье, белый костюм, фиолетовая рубашка, зелёная юбка, белая блуза, чёрные брюки, серый галстук, жёлтые босоножки, коричневые ботинки, кожаные туфли, белые кроссовки).

09 동사 «хотеть», «любить», «мочь»과 «должен»

꼭 기억할 것!

	ХОТЕТЬ	ЛЮБИТЬ	МОЧЬ
Я	хочу	люблю	могу
ТЫ	хочешь	любишь	можешь
ОН, ОНА	хочет	любит	может
МЫ	хотим	любим	можем
ВЫ	хотите	любите	можете
ОНИ	хотят	любят	могут

연습문제 70 다음의 단어들을 알맞은 형태로 써넣으시오. (любить, хотеть, мочь)

1. Вы _____ играть в гольф? _____ поиграть сейчас? У вас есть время? Вы _____ придти на корт в девять часов?

2. Харим, ты_____ играть в баскетбол? Ты хочешь_____ научиться играть? _____ придти на баскетбольную площадку в одиннадцать часов утра?

3. Джихэ и Ждиёнг_____ кофе? Они_____ попробовать кофе в этом кафе? Здесь варят отличный кофе. У них есть свободное время завтра вечером? Они_____ поехать в это кафе вместе снами после концерта?

4. Вы _____ итальянскую кухню? _____ попробовать «Карбонара» в этом ресторане. Я Вас приглашаю. У Вас есть время? Вы _____ пойти со мной завтра вечером в итальянский ресторан после семинара.

5. Я _____ клубнику. В это время года на рынке продаётся очень

| 러시아어 문법 |

вкусная клубника. Вы _____ попробовать? Мы _____ зайти на рынок прямо сейчас.

6. Мира, ты _____ изучать русский язык? _____, я помогу сделать тебе домашнюю работу? Ты _____ зайти ко мне после уроков. Мы пообедаем вместе, а потом будем заниматься.

연습문제 71 다음 질문에 답하시오.

보기 Он любит чёрный кофе без сахара?
   - Нет, он не любит чёрный кофе без сахара.

1. Он любит заниматься поздно вечером?
2. Она любит смотреть фильмы в кинотеатрах?
3. Мира любит салаты?
4. Джисонг хочет послушать радио?
5. Марина может пойти завтра с нами на семинар?

연습문제 72 질문에 긍정으로 답하시오.

보기 Вы хотите купить этот журнал?
   - Да, я хочу купить этот журнал.

1. Он хочет выучить английский язык?
2. Вы хотите работать в этой компании?
3. Вы хотите заниматься в спортивной секции?
4. Она хочет знать китайский язык?

연습문제 73 다음의 단어들을 알맞은 형태로 써넣으시오. (хотеть, мочь)

1. Он _____ поехать в путешествие?
2. Вы _____ оставить для него информацию?
3. Он _____ стать бизнесменом.
4. Она _____ купить билеты на концерт.
5. Он _____ проверить почту.
6. Она всегда _____ работать в этой фирме.
7. Мы _____ завести новых друзей в этом университете.
8. Я _____, что бы приехал мой брат.

연습문제 74 문장을완성하시오.

보기 Мы хотим купить эти книги по экономической теории.
Мы хотели купить эти книгипо экономической теории.

1. Я хочу пить.
2. Они хотят есть.
3. Она хочет посмотреть новости на канале KBS.
4. Она хочет поговорить с директором.
5. Она хотят знать своё расписание.
6. Ты хочешь посмотреть эту комедию?
7. Мы не хотим уезжать домой.
8. Вы хотите поговорить со мной?
9. Он хочет узнать, где она учиться.

| 러시아어 문법 |

꼭 기억할 것!

ОН	ОНА	ОНИ	ОНО
должен	должна	должны	должно

연습문제 75 다음의 단어들을 알맞은 형태로 써넣으시오. (должен, должна, должны, должно).

1. Вы обязательно _____ посмотреть этот фильм.
2. Вы _____ вернуть книгу в библиотеку в мае.
3. Она _____ придти с минуты на минуту.
4. Мира _____ позвонить на следующей неделе.
5. Вы _____ отправить заполненную анкету, резюме и рекомендательное письмо.
6. Если вы отключили эту опцию, лампочка индикатора _____ погаснуть.
7. При аварийном рулении, водитель _____ поворачивать руль в сторону заноса.
8. Они _____ уже быть на месте, почему их до сих пор нет? Они никогда не опаздывают.
9. Это устройство исправно, оно _____ работать без перебоев.

연습문제 76 다음의 단어들을 알맞은 형태로 써넣으시오. (должен, должна, должны, должно).

1. Он _____ поменять деньги в банке.
2. Она _____ заплатить за обучение в университете до конца сентября.
3. Вы _____ заботиться о своём здоровье.

4. Вы _____ выполнить эти задания.

5. Он обязательно _____ посмотреть эту передачу.

6. Мы _____ хорошо учиться, чтобы стать профессионалами в этой области.

7. Ты _____ подготовить пакет документов началу сентября.

8. Она _____ выехать в семь часов, чтобы успеть отвезти ребёнка в школу.

УРОК 2   전치격

01 _명사의 전치격

02 _동사 учить와 учиться와 изучать의 용법

03 _전치사는 장소명사를 지칭하는데 사용

04 _전치격의 인칭대명사

05 _전치격의 단수형용사의 활용

06 _전치격의 소유대명사

07 _소유대명사와 전치격 свой

08 _복수명사와 형용사 전치격

09 _시간을 나타내는 전치격

10 _다른 의미로 사용되는 전치사격

| 러시아어 문법 |

💡 꼭 기억할 것!

Род	Именительный падеж что?	Предложный падеж где?	Окончания
Мужской род (남성)	театр словарь музей	в театре в словаре в музее	-е -е -е
Женский род (여성)	комната деревня тетрадь аудитория	в комнате в деревне в тетради в аудитории	-е -е -и -и
Средний род (중성)	письмо море здание	в письме в море в здании	-е -е -и
Множественное число (복수)	театры словари комнаты деревни письма моря	в театрах в словарях в комнатах в деревнях в письмах в морях	-ах -ях -ах -ях -ах -ях

💡 꼭 기억할 것!

> **Questions:**
>
> **О КОМ? О ЧЁМ?**
> **ГДЕ?**

01 명사의 전치격

💡 **꼭 기억할 것!**

Где? 에 대한 대답에서는 장소의 부사가 사용되거나 또는 명사의 전치격이 전치사 в 또는 на와 함께 사용된다.

어머니는 어디에 있습니까?	Где мама?
그녀는 집에 있습니다.	Она дома.
책은 어디에 있습니까?	Где (находится) книга?
책은 책상 위에 있습니다.	Книга (находится) на столе.
책은 책상 속에 있습니다.	Книга (находится) в столе.

[해설]

약간의 명사들은 전치격에서 어미 у를 취한다 : в шкафу, на полу, в углу, в саду, на мосту, на берегу 등

| 러시아어 문법 |

🟡 꼭 기억할 것!

что? (и.п. 1)	где? (п.п. 6)
шкаф	в (на) шкафу
угол	в (на) углу
пол	на полу
лес	в лесу
сад	в саду
мост	на мосту
аэропорт	в аэропорту

명사 кино, пальто, метро, кафе, кофе, радио, такси, меню 등은 수와 격에 관계없이 변화하지 않는다.

전치사 в, на + 전치격의 용법

전치사 в는 일반적으로 건물이나 폐쇄된 장소를 나타내는 명사와 함께 쓰이며, 전치사 на는 사람들이 모이는 활동이나 사건(발레, 음악회 등)등을 나타내는 명상와 로 사용된다. 그러나 전치사 в나 на의 용번에 대한 정확한 기준은 없으므로 별도로 익혀두어야 한다.

꼭 기억할 것!

ГДЕ?			
в		на	
в больнице	병원에서	на станции	지하철역에서
в городе	도시에서	на лекции	강의에서
в гостинице	호텔에서	на стадионе	경기장에서
в институте	연구소에서	на заводе	공장에서
в кафе	카페에서	на спектакле	연극에서
в кино	극장에서	на остановке	정거장에서
в классе	교실에서	на семинаре	세미나에서
в комнате	방에서	на концерте	콘서트에서
в ресторане	레스토랑에서	на улице	거리에서
в Сеуле	서울에서	на востоке	동쪽에서
в стране	나라에서	на экзамене	시험에서
в театре	극장에서	на почте	우편으로
в университете	대학에서	на работе	직장에서
в цирке	서커스에서	на уроке	수업시간에
в школе	학교에서	на вокзале	기차역에서

| 러시아어 문법 |

💡 **꼭 기억할 것!**

Жить (где?)	в Санкт-Петербурге	на улице Гоголя
	в Москве	
	в Каннынe	
	в Сеуле	
Учиться (где?)	в университете	на факультете
	в институте	на первом курсе
	в школе	на родине
	в театре	на заводе
	в библиотеке	на фабрике
Работать (где?)	в музее	на почте
	в фирме	
	в магазине	

02 동사 учить와 учиться와 изучать의 용법

동사 учить, изучать 다음에는 명사의 대격이 오며, учиться 다음에는 주로 장소를 나타내는 표현이 온다.

💡 **꼭 기억할 것!**

Учиться (где?)	Учить (что?)	Изучать (что?)
в школе	слова	Русский язык
в институте	текст	Корейский язык
в университете	диалог	Английский язык

꼭 기억할 것!

находиться 의 변화

Находиться			
Я	нахожусь	МЫ	находимся
ТЫ	находишься	ВЫ	находитесь
ОН,ОНА,ОНО	находится	ОНИ	находятся

жить 의 변화

Жить			
Я	живу	МЫ	живём
ТЫ	живёшь	ВЫ	живёте
ОН,ОНА,ОНО	живёт	ОНИ	живут

| 러시아어 문법 |

03 전치사는 장소명사를 지칭하는데 사용

💡 꼭 기억할 것!

Я прочитала эту статью в научном журнале.

연습문제 01 보기와 같이 물음에 대해 답하시오.

보기 Вы живёте в городе?
　　　Да, мы живём в городе.

1. Ваши друзья живут в Лондоне?
2. Вы живёте в общежитии?
3. Ваша сестра работает в компании «Samsung»?
4. Преподаватель сейчас в аудитории?
5. Обычно они обедают в ресторане?
6. Они покупают фрукты в магазине?
7. Они сейчас слушают лекцию в университете?
8. Михаил сейчас на концерте?
9. Елена сейчас смотрит фильм в кинотеатре?
10. Вы сейчас находитесь в центре города?
11. Хэрим живёт в Сеуле?
12. Мина учится в университете в Пусане?
13. Джисонг учится в школе?
14. Ноутбук сейчас лежит в сумке?
15. Письмо лежит в конверте?
16. Сейчас водитель сидит в машине?
17. Дети играют в парке?
18. Письмо лежит в конверте?
19. Наша фотография уже лежит в альбоме?

꼭 기억할 것!

Книга лежит на полке.

연습문제 02 보기와 같이 물음에 대해 답하시오.

보기 Книга лежит на столе?
- Да, книга лежит на столе.

1. Компьютер лежит на столе?
2. Ваза стоит на окне?
3. Телевизор висит на стене?
4. Студент пишет на доске?
5. Фотография висит на стене?
6. Шкатулка стоит на столе?
7. Сумка лежит на кресле?
8. Пациент лежит на кровати?
9. Платье лежит в чемодане?
10. Диск лежит на полке?
11. Принтер стоит на столе?
12. Цветы стоят на веранде?
13. Объявление висит на доске?

연습문제 03 전치사 в 또는 на를 활용하여 괄호안에 주어진 단어를 사용한 문장을 완성하시오.

보기 Где установлена программа? (компьютер)
- Программа установлена на компьютере.

1. Где висит расписание? (в аудитории)
2. Где лежит ручка? (стол)

3. Где живут ваши друзья? (Лондон)

4. Где Хэрим берет книги? (библиотека)

5. Где вы учитесь? (университет)

6. Где учится ваш брат? (школа)

8. Где вы живёте? (общежитие).

9. Где лежит твой ноутбук? (сумка)

10. Где лежит ваша тетрадь? (стол)

11. Где висит картина? (стена)

12. Где лежит журнал? (кресло)

13. Где студенты занимаются спортом? (спортивный зал)

14. Где Джисонг играет в футбол? (стадион)

15. Где обычно Мина играет в гольф? (гольф клуб)

16. Где Джихэ изучает русский язык? (Москва)

17. Где спортсмены плавают? (бассейн)

18. Где она работает? (лаборатория)

19. Где они репетируют? (театр)

연습문제 04 물음에 대해 답하시오.

1. Хэрим сейчас находиться на лекции?

2. Хэрим работает на заводе?

3. Карта «Google» сейчас находится на экране?

4. Лётом ваша семья отдыхает на острове Джеджу?

5. Город Каннын находится на Востоке?

6. Сейчас твои родители на работе?

7. Студенты сейчас на уроке?

8. Актриса сейчас на сцене?

9. Мавзолей Негоша находится на вершине?

연습문제 05 괄호안의 단어를 활용하여 질문에 답하시오.

1. Где Вы обычно занимаетесь тхэквондо? (спортивный клуб)
2. Где работает ваша сестра? (ферма)
3. Где учится младший сын? (школа)
4. Где стоит автобус? (остановка)
5. Где танцуют актёры? (сцена)
6. Где сейчас сидят студенты? (аудитория)
7. Где они играют в бейсбол? (стадион Джамсиль)
8. Где вы покупаете фрукты? (рынок)
9. Где вы лечите зубы? (больница)
10. Где они живут? (общежитие)
11. Где сейчас стюардесса? (самолёт)
12. Где они читают статьи? (библиотека)
13. Где сейчас учёный? (лаборатория)
14. Где сейчас экскурсовод? (экскурсия)
15. Где находится секретарь? (офис)

연습문제 06 괄호안의 단어를 활용하여 질문에 답하시오.

1. Это карта «Google»? Где находиться Индия, на севере или на юге? (юг)
2. Где находится Южная Корея, на севере или на юге? (на юге)
3. Где находится Берлин, на западе или на востоке? (запад)
4. Находится Сеул, на западе или на востоке? (запад)
5. Где находится остров Джеджу, на юге или на севере? (юг).
6. Где находится Канада, на севере или на юге? (север).
7. Где находится город Каннын, на востоке или на севере? (восток).
8. Где находится город Сочи, на юге или на севере? (юг)
9. Где находится Гренландия, на востоке или на севере? (север)

| 러시아어 문법 |

연습문제 07 보기와 같이 괄호안의 단어를 활용하여 질문에 답하시오.

보기 Он играет на пианино? (рояль)
- Нет, он играет не на пианино, он играет на рояле.

1. Хэрим играет на скрипке? (виолончель)
2. Джисонг играет на флейте? (лире)
3. Андрей играет на аккордеоне? (гитара)
4. Михаил играет на балалайке? (лютне)
5. Марина играет на рояле? (пианино)

연습문제 08 보기와 같이 괄호안에 주어진 단어를 활용하여 질문에답하시오.

보기 Он играет в футбол? (баскетбол)
- Нет, он не играет в футбол, он играет в баскетбол.

1. Хэрим играет в волейбол? (бадминтон)
2. Джисонг играет в сквош? (теннис)
3. Андрей играет в футбол? (гольф)
4. Михаил играет в бейсбол? (волейбол)
5. Марина играет в лото? («Монополия»)

연습문제 09 보기와 같이 괄호안의 단어를 활용하여 질문에 답하시오.

보기 Рыба плавает в пруду или в реке? (пруд)
- Рыба плавает в пруду.

1. Ваза стоит в углу или на окне? (угол)
2. Они гуляют в саду или в лесу? (лес)
3. Картина висит в углу комнаты или на веранде? (веранла)
4. Котёнок сидит на шкафу или на кресле? (шкаф)
5. Дворец построен на острове или на берегу? (берег)
6. Рыбак стоит на мосту или на берегу? (мост)
7. Книги лежат в шкафу или на столе? (шкаф)

연습문제 10 괄호안에 주어진 단어를 활용하여 물음에 답하시오.

1. Где Хэрим отдыхала в воскресенье? (лес)
2. Где стоит посуда? (шкаф)
3. Где стоит ваза? (угол)
4. Где сидит кот? (пол)
5. Где спортсмены тренируются? (бассейн)

연습문제 11 괄호안에 주어진 단어를 활용하여 물음에 답하시오.

1. Где вы обычно отдыхаете летом? (море)
2. Где вы были весной? (озеро Балатон)
3. Где они работали осенью? (поле)
4. Где находится ваш офис? (здание)
5. Где сидел котёнок? (окно)
7. Где сейчас Джисонг? (свидание)
8. Где вы обычно пьёте кофе? (кафе)

| 러시아어 문법 |

8. Где сейчас Хэрим? (кабинет)
9. Где живёт ваш друг? (Лондон)
10. Где вы вчера смотрели фильм? (кинотеатр)
11. Где вы изучали русский язык? (университет)
12. Где находится Большой театр? (Москва)
13. Где находится Колизей? (Италия)
14. Где Вы живёте? (Великобритания)
15. Где вы обычно читаете книги? (библиотека)
16. Где вы обычно ужинаете? (столовая)
17. Где сейчас туристы? (площадь)

연습문제 12 물음에 답하시오.

1. Ватикан находится в Италии?
2. Эрмитаж находится в Санкт –Петербурге?
3. Город Ярославль находится в России?
4. Красная площадь находится в Москве?
5. Собор Василия Блаженного находится на Красной площади?
6. Лувр находится в Париже?
7. Хемингуэй жил во Франции?
8. Озеро Балатон находится Венгрии?
9. Принцесса Диана жила в Великобритании?
10. Тадж-Махал находится в Индии?
11. Дворец Кёнбукён находится на площади Кванхвамун в Сеуле?
12. Музей современного искусства находится в городе Хельсинки?

연습문제 13 괄호안에 주어진 단어를 활용하여 물음에 답하시오.

1. Где была игра в четверг? (стадион)
2. Где вы встретили студентов из Кореи? (выставка)
3. Где они отдыхали вчера вечером? (клуб)
4. Где вы смотрели оперу? (театр)
5. Где вы были вчера днём? (музей)
6. Где вы встретили Марину? (университет)
7. Где Харим сейчас работает? (офис)
8. Где вы были в субботу? (цирк)
9. Где вы были в четверг? (бейсбольный матч)
10. Где вы были с субботу? (соревнование)
11. Где вы были в понедельник? (экзамен)
12. Где вы отдыхали вчера вечером? (бар)
13. Где вы смотрели соревнование по фигурному катанию? (ледовый дворец).

연습문제 14 괄호안에 주어진 단어를 활용하여 물음에 답하시오.

1. Где сейчас живёт Ивана? (Чехия, Прага)
2. Где раньше жила Кристиана? (Италия, Рим)
3. Где живёт твоя подруга Гёкче? (Турция)
4. Где живёт Марина? (Россия, Москва)
5. Где работает Стивен? (Венгрия, Будапешт)
6. Где учился профессор Ким? (Америка, Вашингтон)
7. Где он учился? (университет, Франция)
8. Где Эржбет работает? (Лариж, Франчия)
9. Где вы отдыхали летом? (Сингапур)

| 러시아어 문법 |

연습문제 15 물음에 대한 긍정적인 답을 하시오.

1. Вы вчера были в театре на спектакле «Укрощение строптивой»?
2. Туристы вчера были в музее на экспозиции Сальвадора Дали?
3. Джисонг был летом в Венгрии на соревновании «Формула 1»?
4. Харим была на Олимпийских играх в Лондоне?
5. Мина была в музее А.С.Пушкина в Греческом зале?
6. Джон был вчера в филармонии на концерте «Весенние струны»?
7. Елена была в Будапеште на Площади героев?
8. Вы вчера были в театре на балете «Лебединое озеро»?
9. Вы отдыхали на курорте в Португалии?

연습문제 16 아래 제시된 단어를 사용하여 문장을 완성하시오.

В Германии на экскурсии, в филармонии на концерте, в больнице на обследовании, в научном центре в лаборатории, в университете на презентации, в телевизионном центре на программе, в театре на спектакле, в круизе на корабле, во дворце на балу, в кинотеатре в зале.

연습문제 17 보기와 같이 물음에 대하여 긍정형, 부정형으로 답하시오.

보기 Вы знаете, где живёт его дочь?
- Да, я знаю, где она живёт. Она живёт в Праге.
- Нет, я не знаю, где она живёт.

1. Вы знаете, где мой ноутбук?
2. Вы знаете, где находится Собор Василия Блаженного?
3. Вы знаете, где вкусно готовят мясо?
4. Вы знаете, где находится Эрмитаж?

5. Вы знаете, где она была летом?

6. Вы знаете, где он работает?

7. Вы знаете, где его пальто?

8. Вы знаете, где мои очки?

9. Вы знаете, где находится Букингемский дворец?

연습문제 18 다음 글을 읽고 다시 말하시오.

Хэрим и Мина подруги. Они студентки. Они живут в Южной Корее и учатся у университете. Летом Хэрим и Мина были в России, в Москве. Там они изучали русский язык. Им было очень интересно. Они часто ездили на экскурсии. Корейские студентки были на Красной площади, в Храме Христа спасителя, на Воробьевых горах, в Большом театре и на экскурсии в Кремле. На прошлой неделе Хэрим и Мина были в Санкт – Петербурге. Это большой и очень красивый город на берегах Невы. Они были в Эрмитаже и на Дворцовой площади. Хэрим и Мина любят читать книги о России, о её богатой культуре и истории.

전치사는 대화 혹은 생각하는 것의 대상을 나타냅니다.

The Prepositional used to Denote the Object of Speech or Thought

꼭 기억할 것!

О чём он думает?

• **Он думает о работе.**

• **О ком она рассказывала вчера?**

• **Она рассказывала о Петре Первом.**

| 러시아어 문법 |

연습문제 19 괄호안에 주어진 단어를 활용하여 질문에 대한 답을 하시오.

1. О чём вы разговаривали вчера? (путешествие в Рим)
2. О чём она пишет брату? (экскурсия по Москве)
3. О чём они говорят сейчас? (политика)
4. О чём статья? (медицина)
5. О ком он беспокоится? (сын)
6. О ком вы читали роман? (рембрандт)
7. О ком он думает? (дочь)
8. О ком он смотрит передачу? (великий музыкант).
9. О ком он часто вспоминает? (сестра)

04 전치격의 인칭대명사

«О тебе, о тебе, о тебе, Ничего, ничего обо мне!»

Никодай Гумидёв Русский позт

Я	ОБО МНЕ	МЫ	О НАС
ТЫ	О ТЕБЕ	ВЫ	О ВАС
ОН	О НЕМ	ОНИ	О НИХ
ОНА	О НЕЙ		

연습문제 20 알맞은 대명사를 써 넣으시오.

1. Вы постоянные клиенты нашей компании. Мы заботимся _____!
2. Он давно не живёт на Родине, но всегда помнит _____
3. Раньше Андрей жил в Санкт – Петербурге. Он часто вспоминает и рассказывает _____
4. Скоро начнутся зимние каникулы. Вчера мы говорили _____
5. Я знаю, что мой брат всегда думает _____
6. Мы хорошо знаем русский язык. Вчера преподаватель говорил _____
7. Этот фильм о выдающемся русском учёном М.В.Ломоносове. Мы читали _____ книгу.
8. Эта статья о художнике - маринисте Айвазовском. Вчера на выставке мы разговаривали _____
9. Эти книги об истории Государства Российского. Я вчера рассказывал _____
10. Здесь статья о Египетских пирамидах в Гизе. Я вам рассказывал _____
11. Стокгольм – очень красивый город. Я вам писал _____
12. Васнецов был талантливым художником. Я читал о_____
13. А.Нетребко известная и талантливая певица. Сейчас по телевизору идёт передача _____
14. Здесь они используют новые информационные технологии. Мы недавно читали _____
15. Это программа дистанционного обучения. Вы вчера говорили _____
16. Это знаменитая русская балерина. В газетах писали _____
17. Это украинский борщ, вы слышали _____

| 러시아어 문법 |

연습문제 21 주어진 대답에 알맞은 질문을 완성하시오.

1. Я смотрел передачу об искусстве XVII века.
2. Эта книга о великом русском полководце А. Суворове.
3. Он рассказывал о Петре Первом.
4. Она часто вспоминает о родном городе.
5. Эта книга о маркетинге.
6. Эта книга о программе «Excel».
7. Эти стихи о Родине.

05 전치격의 단수형용사의 활용

꼭 기억할 것!

В каком доме вы живёте?
Я живу в большом хорошем доме.
В какой комнате вы живёте?
Я живу в большой хорошей комнате.

연습문제 22 다음 물음에 답하시오.

1. О каком доме вы говорили вчера, о старом или о современном?
2. На каком языке говорила русская аристократия в XVIII веке, на французском или на латинском?
3. В каком доме вы живёте, в старом или в новом?
4. На каком этаже живёт Харим, на десятом или на девятом?
5. В каком журнале была эта статья, в новом или в старом?
6. При каком университете находится эта больница, при частном или при государственном?
7. На каком самолёте он полетит завтра, на большом или на

маленьком?

8. На каком вопросе он остановился, на простом или на сложном?

9. На каком курсе она сейчас учится, на первом иди на втором?

연습문제 23 다음 물음에 답하시오.

1. На какой машине он приехал, на новой или на старой?
2. На какой улице находится этот фонтан, на узкой или на широкой?
3. На какой сцене идёт это спектакль, на большой или на малой?
4. О какой литературе говорили вчера писатели, об отечественной или об иностранной?
5. О какой больнице писали в газете, о государственной или о частной?
6. Из какой страны приехали студенты, из восточной или из западной?
7. Из какой ткани сшито это пальто, из дорогой или из дешевой?

연습문제 24 괄호안에 주어진 단어를 활용하여 물음에 답하시오.

1. В каком городе вы живёте? (тихий курортный город)
1. В каком доме живёт ваша семья? (большой новый дом)
2. На каком этаже ваша квартира? (девятый этаж)
3. На каком заводе работает ваш брат? (современный машиностроительный завод)
4. В каком спортивном зале вы занимаетесь спортом? (большой, светлый)
5. В каком магазине вы покупаете фрукты? (небольшой красивый)
6. В каком театре вы смотрите балет? (большой новый театр)
7. В каком клубе вы играете в гольф? (небольшой современный)

| 러시아어 문법 |

8. В каком городе вы были на экскурсии? (большой, красивый)
9. В каком кармане лежит ключ? (левый внутренний)
10. В каком пенале лежит ручка? (дорогой кожаный пенал)

연습문제 25 괄호안에 주어진 단어를 활용하여 물음에 답하시오.

1. На какой улице находится ваша гостиница? (широкая оживлённая улица)
2. В какой квартире вы живёте? (большая светлая квартира)
4. В какой библиотеке вы берёте книги? (наша университетская библиотека)
5. В какой школе учится ваша дочь? (большая новая школа)
6. В какой сумке вы носите ноутбук? (небольшая кожаная сумка).
7. В какой лаборатории работает ваш брат? (большая современная лаборатория)

연습문제 26 괄호안에 주어진 단어를 활용하여 물음에 답하시오.

1. Где живёт ваша подруга? (Южная Корея, город Сеул)
1. Где они учатся? (Сеульский университет, экономический факультет).
2. Где он обычно занимается спортом? (университет, спортивный зал)
4. О чём он думает? (важная сложная работа)
5. Где он хочет изучать русский язык? (университет, Москва)
6. О чём она рассказывала вчера? (интересный исторический фильм)
7. Где была Хэрим вчера? (большой красивый музей)

연습문제 27 다음 물음에 답하시오.

- На каком этаже находится океанариум?
- На каком этаже находится ресторан?
- В какой аудитории будет экзамен?
- В какой аудитории вы занимались днём?
- На каком курсе вы учитесь?
- На каком курсе учится ваш друг Джисонг?
- В какой книге находится это рассказ?
- На какой странице находится это правило?

연습문제 28 주어진 질문에 대하여 긍정적으로 답하시오.

1. Вы знаете, в какой фирме работает её брат?
2. Вы знаете, на каком языке разговаривают эти студенты?
3. Вы знаете, в каком автобусе они едут?
4. Вы знаете, в каком театре идёт премьера спектакля?
5. Вы знаете, на каком этаже находится стоматологическая клиника?
6. Вы знаете, на какой веранде стоят эти цветы?
7. Вы знаете, в каком магазине продают фрукты?

연습문제 29 보기와 같이 문장을 완성하시오.

보기 Раньше я учился в школе, а теперь я учусь _____ .
Раньше я учился в школе, а теперь я учусь в институте.

1. Раньше он жил в деревне, а теперь он живёт _____ .
2. Раньше она училась в школе, а теперь она учится _____ .
3. Раньше сестра работала в маленькой клинике, а теперь она работает _____ .

| 러시아어 문법 |

4. Раньше наши друзья жили в России, а теперь они живут＿＿＿＿ .

5. Раньше она играла в маленьком провинциальном театре, а теперь она играет ＿＿＿＿ .

06 전치격의 소유대명사

연습문제 30 소유대명사를 활용하여 주어진 질문에 답하시오.

1. В вашем городе есть метро?
2. В этой комнате в общежитии есть холодильник?
3. В этом каталоге есть вечерние платья?
4. В этой программе есть ошибки?
5. В этой книге есть рассказы?
6. На этой улице есть памятники?
7. В вашем городе есть море?
8. На этой площади есть кинотеатр?
9. В вашей группе есть староста?
10. В этом пальто есть карманы?
11. На этой банковской карте есть деньги?
12. В её комнате есть компьютер?
13. В его доме есть веранда?
14. В их городе есть трамваи?
15. В нашем саду есть вишнёвые деревья?
16. В вашей библиотеке есть книги по экономической теории?
17. В её доме есть камин?

07 소유대명사전치격 свой

연습문제 31 свой를 사용하여 다음 문장을 완성하시오.

1. Это моя сестра. Я думаю о своей сестре. Я думаю _____
2. Это твоя собака? Ты заботишься о своей собаке? Ты заботишься _____
3. Это ее тетрадь. Она положила свою тетрадь в стол. Она положила ее _____
4. Это его мотоцикл. Он поставил свой мотоцикл в гараж. Он поставил _____ в гараж.
5. Это наша столовая. Мы часто обедаем в своей столовой. Мы обедаем _____
6. Это ваше домашнее задание. Отправьте своё домашнее задание на электронную почту. Отправьте _____ на электронную почту.
7. Это их фирма. Они уже десять лет работают в своей фирме. Они работают _____ уже десять лет.

연습문제 32 его, её, свой를 사용하여 물음에 답하시오.

1. В чьей квартире они жили в прошлом году?
2. На чьей машине он уехал домой?
3. С чьей студенткой она разговаривала вчера?
4. На чьём компьютере установлена эта программа?
5. В чьих квартирах есть веранда?
6. В чьём учебнике есть глава о маркетинговых технологиях.
7. На чьем сайте есть эта важная информация?

| 러시아어 문법 |

연습문제 33 보기와 같이 у меня, у тебя, у неё, у него, у нас, у вас and у них 를 사용하여 문장을 완성하시오.

보기 В нашей квартире есть телефон.
У нас в квартире есть телефон.

1. В вашей книге мы прочитали очень интересный рассказ
2. В вашем саду цветут чудесные вишнёвые деревья.
3. В вашей электронной почте много непрочитанных писем.
4. В твоей чашке остывает зелёный чай.
5. На нашем вечере было много гостей.
6. О нашей свадьбе писали в газетах.
7. В их типографии печатали мой журнал.
8. В их памяти навсегда останется этот великий поэт.

08 복수명사와 형용사 전치격

 꼭 기억할 것!

В зеркальных озёрах отражаются белоснежные облака.

연습문제 34 보기와 같이 대답에 대한 질문을 완성하시오.

보기 Мы ездили на экскурсию в больших комфортабельных автобусах.
– В каких автобусах вы ездили на экскурсию?

1. Эти книги в дорогих кожаных переплётах.
2. Их воины в блестящих доспехах и кольчугах.
3. Её изумруды в дорогих оправах.
4. На украшенных площадях нашего города собралось много горожан.

5. В этих живописных горах всегда много людей.
6. В этих свежих газетах есть интересные статьи.
7. На этих популярных радиостанциях работают известные актёры и дикторы.
8. В этих православных храмах всегда много людей.
9. В этих знаменитых музеях всегда интересные экспозиции.

09 시간을 나타내는 전치격

꼭 기억할 것!

Когда вы были в Лондоне?
Я был в Лондоне в июле, а Майкл в сентябре.

연습문제 35 괄호 안에 주어진 단어를 사용하여 물음에 답하시오.

1. Когда вы сдали все экзамены? (декабрь)
2. Когда начинаются зимние каникулы в университете? (декабрь)
3. Когда заканчиваются зимние каникулы в университете? (март)
4. Когда начинаются летние каникулы в университете? (июнь)
5. Когда заканчиваются летние каникулы в университете? (август)
6. Когда начинается театральный сезон в театре в Хельсинки? (сентябрь)
7. Когда в России начинается праздник «Масленица»? (март).
8. Когда в России отмечают праздник «День Победы»? (май)
9. Когда в Корее отмечают Новый год? (январь или февраль).

| 러시아어 문법 |

연습문제 36 다음 물음에 답하시오.

1. В каком году родился великий русский поэт Александр Сергеевич Пушкин? (тысяча семьсот девяносто девятый год).
2. В каком году родился Лев Николаевич Толстой? (тысяча восемьсот двадцать восьмой год).
3. В каком году родился русский поэт Александр Александрович Блок? (тысяча восемьсот восьмидесятый год).
4. В каком году родился русский поэт Афанасий Афанасьевич Фет? (тысяча восемьсот двадцатый год).
5. В каком году родился русский писатель Михаил Афанасьевич Булгаков? (тысяча восемьсот девяносто первый год).

10 다른 의미로 사용되는 전치사격

꼭 기억할 것!

- На чём (как) вы ездите в университет?
- Я езжу в университет на автобусе.

연습문제 37 괄호안에 주어진 단어를 활용하여 물음에 답하시오.

1. На чём вы ездили на Джондонджин? (поезд)
2. На чём он обычно ездил в университет? (автобус)
3. На чём ты ездил в Сеул? (автобус)
4. На чём вы летали в горы? (вертолёт)
5. Как она ездила в больницу? (такси)
6. На чём ты катался в парке? (мотоцикл)
7. Как проехать к библиотеке? (метро)

연습문제 38 적절한 전치사를 사용하여 괄호안에 주어진 단어를 완성하시오.

1. Обычно врач работает _____ (белый халат).
2. Мой младший брат всегда ходит в школу _____ (школьная форма): (костюм, белая рубашка и галстук).
3. В магазине продавец работает _____ (униформа).
4. Менеджер всегда ходит на работу _____ (деловой костюм).
5. На ужин её попросили придти _____ (вечернее платье).
6. На лыжный курорт Джисонг поехал _____ (зимний спортивный комбинезон)
7. Осенью она обычно ходила _____ (тёплое пальто)
8. В дождь Хэрим обычно ходила _____ (длинный плащ).

연습문제 39 적절한 전치사를 사용하여 괄호안에 주어진 단어를 완성하시오.

Хэрим и Мина студентки. Они живут _____ (Корея), но сейчас Хэрим и Мина изучают русский язык _____ (Москва, университет). _____(суббота) Хэрим и Мина были _____ (экскурсия) (православный храм, Собор Василия Блаженного). Экскурсия была очень интересной. Экскурсовод много рассказывал _____ (история России) и _____(Успенский Собор).

Мира и Хэрим узнали, что у Собора были и другие названия: Покровский собор, Успенский Собор. Этот известный памятник русской архитектуры находится _____(Красная Площадь, Москва). Покровский собор был построен в _____(тысяча пятьсот шестьдесят первый год). Строительство началось _____(тысяча пятьсот пятьдесят пятый год) по приказу Ивана Грозного в память _____(взятие) Казани и _____(победа) над Казанским ханством.

| 러시아어 문법 |

연습문제 40 괄호안의 단어를 활용하여 질문에 답하시오.

Марина и Светлана студентки. Сейчас Марина живёт _____ (Корея). Сейчас она _____ (университет). Она изучает русский язык. Сейчас урок. Марина _____ (класс) _____ (урок) очень интересно. Преподаватель часто рассказывает (культура и история России), готовит презентации, показывает фильмы _____ (Россия).

Студенты работают _____ (интернет) _____ (сайт) «Русский мир». Они слушают и повторяют диалоги, выполняют упражнения _____ (тетрадь), ищут незнакомые слова _____ (словарь). Студенты читают русские литературные произведения. Сегодня они читают роман «Евгений Онегин». Этот роман написал великий русский поэт и писатель Александр Сергеевич Пушкин.

Светлана в этом году изучает русский язык _____ (Россия). Сейчас она живёт _____ (Москва). Она учится _____ (Московский государственный университет имени Ломоносова). Ей очень нравится жить, и учиться _____ (Россия).

연습문제 41 괄호안의 단어를 활용하여 질문에 답하시오.

1. Харим изучает русский язык _____ (Россия). Она учиться _____ (университет), _____ (Москва). Она любит путешествовать. Харим уже побывала _____ (Санкт – Петербург, Ярославль и Екатеринбург).

2. Мария изучает корейский язык _____ (Сеул). Она тоже очень любит путешествовать. Она побывала _____ (Пусан, Кёнджу, Улсан, Каннын, и Сокчо).

3. Харим много читает _____ (Россия). Она любит читать _____ (история, культура и традиции) страны.

4. Мария живёт _____ (Россия, Москва). Она студентка. Мария

изучает корейский язык _____ (университет). Её мама, Наталья Ивановна, профессор. Она работает _____ (университет). Её папа, Виктор Сергеевич, работает _____ (больница). Он врач. У Марии есть старшая сестра. Её зовут Светлана. Она учится _____ (школа).

УРОК 3   대격

01 _행동의 대상을 나타내는 대격

02 _대격단수의 형용사와 명사

03 _방향의 대격

04 _동사와 대격케이스사용

05 _시간을 나타내는 대격

| 러시아어 문법 |

01 행동의 대상을 나타내는 대격

 꼭 기억할 것!

대격 단수

Singular Nouns in the Accusative

Хэрим хоро шо знает менеджмент _ и экономик**у**.	
Что Хэрим знает?	Менеджмент _ и экономик**у**.
Джисонг хорошо знает Андре**я** и Светлан**у**.	
Кого Джисонг знает?	Андре**я** и Светлан**у**.

연습문제 01 다음 이탤릭체에 맞는 답을 하시오.

1. Студенты этого университета изучают *английский, китайский, русский, немецкий, японский и французский языки*.
2. Вчера Херим читала *книгу о русской культуре*.
3. Преподаватель объяснял *грамматику* русского языка.
4. Мина подарила Хэрим на день рождение красивую *сумку*.
5. Профессор пишет научную *статью*.
6. Врач занят, он выписывает *лекарство*.
7. Пациент купил в аптеке *сироп от кашля*.
8. Турист в Париже купил красивую *открытку*.
9. Экскурсовод показал в Сеуле красивую старинную *пагоду*.

연습문제 02 다음 질문에 긍정으로 답하시오.

1. Хэрим видела вчера Мину в университете?
2. Вы встретили Андрея на экскурсии?
3. Они показали вам картину Рембрандта?
4. Светлана получила письмо в понедельник?
5. Вы любите кофе?
6. Вы хорошо запомнили дорогу домой?
7. Вы изучали русский язык в России?
8. Вы любите теннис?
8. Вы любите классическую музыку?
9. Художник вчера рисовал картину?
10. Мама вчера купила журнал?
11. Мина простила своего друга?
12. Инхэ изучила расписание?
13. Андрей уже посмотрел этот фильм?
14. Михаил уже открыл дверь?
15. Марина сохранила документ?

꼭 기억할 것!

—Что мы видим?
—Мы видим автобус и машину.

연습문제 03 다음 질문에 답하시오.

1. Что вы смотрели в субботу вечером, комедию или детектив?
2. Что Хэрим изучает сейчас, русский язык или английский язык?
3. Что вы слушаете сейчас, радио или плеер?
4. Что вы учите сейчас, диалог или текст?

| 러시아어 문법 |

5. Во что вы играете, в гольф или в теннис?
6. Что вы рисуете, пейзаж или портрет?

연습문제 04 괄호안에 주어진 단어를 사용해 질문에 답하시오.

1. Что они купили в магазине? (рыба, мясо, салат, кофе и чай)
2. Что ещё Хэрим и Мина взяли с собой в поход? (карта, компас, палатка, рюкзак и удочка)
3. Что вчера взяла Мина в этой библиотеке? (книга, учебник, журнал и газета)
4. Что Андрей взял в ресторане на завтрак? (сок, салат, ветчина, омлет, сосиска и бутерброд)
5. Что изучают студенты на этом факультете? (экономическая теория, финансовый менеджмент, маркетинг, политология и психология)
6. Что они любят читать? (поэзия, иностранная литература и беллетристика)
7. Что они учатся рисовать? (натюрморт, пейзаж и портрет)
8. Что студент читал на экзамене? (монолог, стихотворение и эссе).
9. Что преподаватель проверял после урока? (упражнение, перевод и сочинение)
10. Что написал этот поэт? (поэма и роман).
11. Что приготовил повар на обед? (курица, солянка и салат)
12. Что приготовил бармен? (коктейль, глинтвейн и пунш)
13. Что изучал студент вечером (программа PowerPoint и текстовый редактор)
14. Что умеет водить этот шофёр? (машина, мотоцикл и автобус)
15. Что Мина забыла в машине? (камера, телефон и ключ)
16. Что вы подарили этой балерине? (роза, мягкая игрушка и открытка)

17. Это очень вкусно! Что вы положили в морс? (клубника, брусника и малина)

🔆 꼭 기억할 것!

Кого вы видели в университете?
Мы видели в университете Михаила.
Кого вы хотите подарить ребёнку, котенка или щенка?
Мы хотим подарить кошку.

연습문제 05 다음 질문에 답하시오.

1. Вы видели эту звезду?
2. Вы знаете этого художника?
3. Вы изучали иностранную литературу в университете?
4. Они читали этого писателя?
5. Мина слушала музыку Чайковского?
6. Андрей смотрел балет «Лебединое озеро»?
7. Вы знаете этот стих Есенина?
8. Вы читали роман А. С. Пушкина «Евгений Онегин»?
9. Вы уже видели комедию «С лёгким паром»?
10. Вы запомнили эту красивую мелодию?
11. Они знают музыку этого композитора?
12. Они хорошо знают эту студентку?

연습문제 06 괄호안에 주어진 단어를 사용해 질문에 답하시오.

1. Кого вы ждёте в партере? (друг)
2. Кого она встречает каждый день после школы? (сын)

| 러시아어 문법 |

3. Кого она хорошо понимает? (подруга)

4. Кого лечат эти врачи? (ребёнок)

5. Кого рисует этот художник? (Мария)

6. Кого искала вчера Мина в университете? (Андрей)

7. Кого расчёсывает мама перед сном? (дочь)

8. Кого старшая сестра кормит обедом каждый день? (брат)

9. Кого позвали к телефону? (преподаватель)

10. Кого тренирует этот тренер? (олимпийская чемпионка).

11. Кого провожает Андрей? (подруга)

12. Кого купает Мина? (щенка)

13. Кого сейчас учит преподаватель? (студент)

연습문제 07 괄호안의 단어를 활용하여 질문에 답하시오.

1. Вы изучаете ____ (программа Excel) или ____ (программа SPSS)?

2. Вы смотрите ____ (комедия) или ____ (мелодрама)?

3. Вы пишите ____ (учебник) или ____ (книга)?

4. Вы уронили ____ (шапка) или ____ (шарф)?

5. Вы потеряли ____ (перчатка) или ____ (рукавица)?

6. Вы забыли ____ (камера) или ____ (телефон)?

7. Вы переводили ____ (роман) или ____ (детектив)?

8. Вы построили ____ (диаграмма) или ____ (график)?

9. Вы спроектировали ____ (гостиница) или ____ (банк)?

10. Вы запланировали на лето ____ (путешествие) или ____ (учёба)?

11. Вы построили ____ (дом) или ____ (беседка)?

12. Вы посадили ____ (сосна) или (берёза)?

13. Вы написали ____ (опера) или ____ (балет)?

14. Вы сфотографировали ____ (озеро) или (река)?

15. Вы увидели ____ (сова) или ____(филин)?

16. Вы взяли ____ (сумка) или ____ (папка).

17. Вы прочитали _____ (статья) или _____ (проект).
18. Вы сшили _____ (платье) или _____ (блуза).
19. Вы отрезали _____ (сыр) или _____ (ветчина).

연습문제 08 이 문장이 답이 될 수 있도록 질문을 만드시오.

1. Хэрим любит апельсиновый сок.
2. Мина смотрит комедию.
3. Андрей рисует портрет.
4. Студенты изучают иностранную литературу.
5. Мы читаем историческую книгу.
6. Она любит гольф.
7. Он записывает интервью со студентами.
8. Мы слушаем передачу по радио.
9. Врач выписывает лекарство пациенту?

연습문제 09 다음 우리말을 러시아어로 옮기시오.

1. 나는 역사를 공부합니다.

   _____

2. 그는 영어를 공부하고 있습니다.

   _____

3. 우리는 생물학을 공부합니다.

   _____

4. 그는 마케팅을 공부했습니다.

   _____

러시아어 문법

5. 당신은 러시아 배웁니다.

6. 당신은 경제학을 공부합니다.

7. 그는 수학을 공부했습니다.

8. 그녀는 화학을 배웁니다.

9. 우리는 컴퓨터과학을 공부하고 있습니다.

10. 그들은 철학을 공부합니다.

11. 그들은 문학을 공부합니다.

12. 나는 물리학을 공부합니다.

13. 그들은 지리학을 공부합니다.

14. 나는 관리를 공부합니다.

15. 그녀는 예술을 공부하고 있습니다.

16. 나는 문화를 공부합니다.

17. 우리는 그림을 공부합니다.
　　_____

18. 나는 의학을 공부합니다.
　　_____

19. 나는 심리학을 공부합니다.
　　_____

20. 나는 통계를 공부합니다.
　　_____

21. 나는 사회학을 공부합니다.
　　_____

22. 내가 천문학을 공부합니다.
　　_____

23. 나는 해부학을 배우게됩니다.
　　_____

24. 나는 음악을 공부합니다.
　　_____

25. 나는 건축을 공부합니다.
　　_____

26. 나는 저널리즘을 공부합니다.
　　_____

27. 나는 율법을 공부했습니다.
　　_____

28. 나는 고고학을 공부합니다.
　　_____

| 러시아어 문법 |

29. 나는 물류를 공부합니다.

_____

(история, английский язык, биология, маркетинг, русский язык, экономика, математика, химия, информатика, философия, литература, физика, география, менеджмент, искусство, культура, живопись, медицина, психология, статистика, социология, астрономия, анатомия, музыка, архитектура, журналистика, юриспруденция, археология, логистика)

02 대격단수의 형용사와 명사

🔆 꼭 기억할 것!

Какой?	Какую?	Какого?
Какой аквариум вы купили вчера?	**Какую** литературу вы изучаете в этом семестре?	**Какого** студента вы похвалили вчера?
Вчера мы купили **большой круглый аквариум**.	В этом семестре мы изучаем **иностранную литературу**.	Вчера я похвалил **лучшего студента**.

연습문제 10 다음 질문에 답하시오.

1. Какую литературу она изучает отечественную или иностранную?
2. Какую блузу Хэрим купила вчера, белую или синюю?
3. Какой фильм они смотрели вчера, интересный или скучный?
4. Какую сумку он помог ей донести, лёгкую или тяжёлую.

5. Какую погоду Мина любит, пасмурную или ясную?
6. Какую музыку он слушает, классическую или современную?
7. Какого тренера они пригласили, опытного или неопытного?
8. Какого режиссёра они наградили, отечественного или иностранного.
9. Какого мастера они пригласили, молодого или пожилого?
10. Какой финал у этой истории, счастливый или трагический.
11. Какую тему студентка выбрала для презентации, сложную или простую?
12. Какую спортсменку вы поддерживали, сильную или слабую?
13. Какого пациента вы выписали, молодого или пожилого?
14. Какой фотоальбом вы купили, толстый или тонкий.
15. Какую ткань вы вы брали, мягкую или жёсткую.

연습문제 11 다음 이탤릭체에 맞는 답을 하시오.

1. Он купил *серый галстук*.
2. Он слушает *классическую музыку*.
3. Я читал *интересный журнал*.
4. Она посадила *красивое дерево*.
5. В университете мы встретили *знакомую студентку*.
6. Мы купили *спортивный костюм*.
7. Ему подошли эти *синие джинсы*.
8. Он читает *свежую прессу*.
9. Они едят *вкусный ужин*.
10. Она пьёт *только свежий сок*.
11. Он выучил *сложный предмет*.

| 러시아어 문법 |

연습문제 12 질문에 긍정으로 답하시오.

1. Вы знаете эту актрису?
2. Вы давно изучаете русский язык?
3. Вы видели сегодня этого преподавателя?
4. Вы спрашивали вчера эту аспирантку?
5. Вы прооперировали этого пациента?
6. Вы видели эту машину на стоянке вчера?
7. Вы читали этот журнал?
8. Вы слушали эту передачу?
9. Вы купили это лекарство?
10. Вы попустили эту главу?
11. Вы сфотографировали эту аллею?
12. Вы изучили эту проблему?
13. Вы уже убрали эту комнату?
14. Вы подписали этот документ?
15. Вы проверили эту работу?

연습문제 13 질문에 긍정으로 답하시오.

1. Вы нашли мою ручку?
2. Вы узнали мою дочь?
3. Вы видели нашего преподавателя?
4. Вы встретили мою племянницу?
5. Вы узнали мой голос?
6. Вы проверили мою почту?
7. Вы напечатали мои фотографии?
8. Вы открыли мою комнату?
9. Вы нашли мою папку?
10. Они заказали мою книгу?

11. Вы посмотрели мой фильм?
12. Вы читали мою книгу?
13. Они давно знали вашу семью?
14. Он всегда слушал мою сестру?
15. Хэрим часто напевала вашу песню?
16. Они достроили наш новый дом?
17. Вы принесли наш десерт?
18. Они оформили их ресторан?
19. Вы выучили их диалог?

꼭 기억할 것!

Я	мою	МЫ	нашу
ТЫ	твою	ВЫ	вашу
ОН	его	ОНИ	его
ОНА	её	ОНО	их

Единственное число			Множественное число
Мужской род	Женский род	Средний род	
свой	свою	своё	своих

| 러시아어 문법 |

연습문제 14 다음의 대명사들을 알맞은 형태로 써넣으시오 (мой - твой, наш - ваш, его, её, их, свой – свою – своё–своих).

1. Андрей – программист. Он написал новую программу. Андрей записал _____ программу на диск. Друзья Андрея уже видели _____ программу на компьютере. _____ мнение очень важно для Андрея.

2. Мина пригласила _____ друзей в гости. Сейчас они разговаривают и слушают музыку в _____ комнате. _____ звонкие голоса доносятся из комнаты Мины. _____ брат любит, когда приходят гости. Мина пригласит _____ снова в воскресенье.

3. Ты знаешь, где комната Харим? – Да, конечно. _____ комната на втором этаже слева. Я была в _____ комнате вчера. Она очень светлая и тёплая.

4. Вы знаете _____ адрес. Конечно, я уже записал _____ адрес. Но, я не знаю _____ номер телефона.

5. Ты знаешь, где сейчас _____ сын. Я думаю, что _____ сын сейчас в школе. Я видел его там.

6. Я думаю, что потерял _____ телефон. Ты не видел _____? – Я видел _____ телефон в классе. Давай вернёмся и посмотрим вместе. Ну что, _____ нашёл _____ телефон. Посмотри в столе. Да, я нашёл _____ .

7. Это очень красивое зеркало. - Да, Харим купила его вчера. Ей тоже очень нравится _____ зеркало. Теперь она всегда носит его в _____ сумке. Но, я думаю, что _____ зеркало тоже красивое. Где ты его купила?

연습문제 15 다음의 단어들을 알맞은 형태로 써넣으시오 (своего, свою, свое, своих).

1. Он всегда встречает _____ жену после работы.
2. Мы уже двадцать минут ждём____ друга, но он опять опаздывает
3. Вы видели на концерте _____ сестру. Она тоже была там.
4. Они потеряли ____ ребёнка в супермаркете, но сразу нашли его.
5. Ребята до сих пор помнят _____ первую школьную учительницу. Они ей очень благодарны.
6. Муж забыл дома _____ ключи, поэтому вернулся.
7. Утром она отправила _____ резюме и _____ фотографию работо дателю.
8. Вечером она пригласила _____ друзей в ресторан.
9. Он поздравил _____ друга с днём рождения.
10. Она предложила рассмотреть _____ идею на совещании.
11. Тренера всегда поддерживают _____ спортсменов на соревнованиях.
12. Он передал _____ документы в посольство.
13. Мы отложили _____ поездку на Кипр из-за болезни детей.
14. Они положили _____ ребёнка в больницу.
15. Я получила _____ паспорт.
16. Она всегда записывала _____ самые яркие впечатления от поездки.
17. Он знал _____ слабые и сильные стороны.
18. Эта певица всегда скрывала _____ возраст.
19. Мы опубликовали _____ фотографии в газете.
20. Учитель хотел предостеречь _____ учеников от подобных ошибок в будущем.
21. Пациентка пристально вглядывалась в _____ отражение.
22. Он впервые держал в _____ руках такую ценную археологическую находку.
23. Он консультировал _____ пациентов на третьем этаже.

| 러시아어 문법 |

연습문제 16 괄호안에 주어진 단어를 사용해 질문에 답하시오.

1. Что вы будете читать завтра? (свежий журнал)
2. Чтовы смотрели вчера в театре? (спектакль «Три сестры»)
3. Что вы представляете сегодня на совещании? (перспективный проект)
4. Что вы ищите на карте? (новый маршрут)
5. Что он хочет купить на распродаже? (вечернее платье)
6. Что вы обычно готовите на ужин? (свежая рыба, курица, баранина или говядина)
7. Что вы смотрели вчера по телевизору? (мелодрама)

연습문제 17 괄호안에 주어진 단어를 사용해 질문에 답하시오.

1. Кого вы пригласили на передачу? (одна известная актриса)
2. Кого вы часто вспоминаете? (наш старый друг)
3. Кого вы рисуете? (этот молодой человек)
4. Что вы объясняли друзьям? (сложная задача)
5. Что вы любите читать? (интересные детективы)
6. Что вы писали вчера? (подробное резюме)
7. Что вы смотрите по телевизору? (интересная передача)
8. Кого он встретил вчера в университете? (наша новая студентка)

연습문제 18 괄호안에 주어진 단어를 사용해 질문에 답하시오.

1. Что вы ищите на этом сайте?(экономическая статья и рецензия)
2. Что вы положили в стол? (заполненная анкета и папка)
3. Кого она просила вчера о помощи?(младшая сестра и подруга)
4. Что они танцевали на концерте? (аргентинское танго и венский вальс)

5. Что вы отправили родителям? (большая посылка и письмо)
6. Что будет петь этот певец? (популярная песня)
7. Что он сегодня изучал в университет? (химия и биология)
8. Что вы хотите сделать в салоне? (химическая завивка)
9. Что вы хотите приготовить наужин? (солянка и курица)
10. Кого вы отвели в школу? (свой младший сын)
11. Что вы ищите в сумке? (моя запиcнаяк нижка и ручка)
12. Что вы писали утром? (короткая деловая записка).
13. Кого вы пригласили к телефону? (свой коллега)
14. Что вы сдали в багаж? (спортивная сумка и чемодан).
15. Что мама вязала вечером? (красивая шапка и шарф).

연습문제 19 괄호안에 주어진 단어를 사용해 질문에 답하시오.

1. Кого вы видели в университете? (она)
2. Кого вы ждёте дома? (он)
3. Кого врач осматривает? (я)
4. Кого вы хорошо понимаете? (вы)
5. Кого он хочет спросить об этом? (они)
6. Кого он описывает в повести? (мы)
7. Кого она узнала на фотографии? (ты)

연습문제 20 다음 밑줄친 것에 맞는 답을 하시오.

1. Андрей читает <u>исторический роман</u>.
2. Хэрим задала журналисту <u>интересный вопрос</u>.
3. Мина отправила подруге <u>красивую рождественскую открытку</u>.
4. В Третьяковской галерее Джихэ долго рассматривала <u>эту известную картину</u>.

5. Принц подарил невесте <u>дорогое сапфировое колье</u>.
6. Эти фотографии для книги сделал <u>известный этнограф</u>.
7. Этот новый документальный фильм снял <u>молодой итальянский режиссёр</u>.
8. Этот архитектор предложил <u>новый перспективный проект</u>.
9. Наши одноклассники разбили <u>прекрасный большой сквер в школьном дворе</u>.
10. Я встретила <u>её</u> на выставке.
11. <u>Этот известный портрет</u> нарисовал византийский художник.
12. Мы посадили <u>зелёную тополиную аллею</u>.
13. Известный московский модельер представил <u>осеннее - зимнюю коллекцию одежды</u> на неделе моды в Париже.
14. Этот преподаватель отправил <u>свой лучший рассказ</u> на конкурс молодых писателей.
15. Журналист отправил <u>интересную статью</u> в редакцию.
16. Моя младшая сестра аккуратно положила <u>белую рубашку</u> в шкаф.
17. В библиотеке она нашла <u>редкую историческую книгу</u>.

연습문제 21 질문에 답하시오.

1. Вы уже отправили открытки друзьям?
2. Вы перевели деньги на другой счёт?
3. Вы читаете свежие газеты по утрам?
4. Вы купили фрукты на рынке?
5. Преподаватель уже проверил тетради?
6. Комиссия уже выбрала лучшие работы студентов?
7. Они уже оценили все ответы конкурсантов?
8. Вы взяли в поход палатки?
9. В этом гараже стоят легковые машины?

10. Они уже сдали книги в библиотеку?

연습문제 22 다음 질문에 답하시오.

1. Вы уже сфотографировали конкурсантов?
2. Вы видели интернов в этой больнице?
3. Вы видели сегодня друзей в университете?
4. Вы знаете моих братьев?
5. Вы знаете наших студентов?
6. Вы видели новых инженеров?
7. Вы встретили туристов в центре города?
8. Вы знаете людей в зале?
9. Вы видели его ассистентов?

연습문제 23 괄호안에 주어진 단어를 사용해 질문에 답하시오.

1. Что сейчас сдают студенты? (экзамены)
2. Что вы обычно слушаете по радио? (песни, баллады, романсы, развлекательные передачи)
3. Кого так внимательно слушают студенты? (профессоры из Великобритании)
4. Кого приветствуют люди? (спортсмены, тренеры)
5. Кого вы ждёте летом в гости? (друзья, сёстры, братья)
6. Что рисуют художники? (натюрморт, пейзаж и портрет)
7. Кого они спрашивают о проектах? (экономисты, менеджеры, финансисты)
8. Кого они консультируют в поликлинике? (пациенты)
9. Кого они провожают в экспедицию? (учёные, исследователи, врачи)

| 러시아어 문법 |

10. Кого повара кормят в летнем оздоровительном лагере? (школьники)
11. Что они печатают в университетской газете? (интервью, рассказы, статьи, фотографии, стихотворения, повести)

연습문제 24 괄호안에 주어진 단어를 사용해 질문에 답하시오.

1. Какие книги вы любите читать? (исторические книги)
2. Какие газеты вы покупаете в киоске? (свежие газеты)
3. Какие слова вы ищите в словаре? (новые слова)
4. Каких преподавателей вы встретили вчера в университете? (новые преподаватели)
5. Каких друзей вы пригласили на день рождения? (мой лучшие друзья)
6. Каких впечатлений ждут участники фестиваля? (яркие запоминающиеся впечатления)

연습문제 25 괄호안에 주어진 단어를 사용해 질문에 답하시오.

1, Кого вы часто видите в театре? (эти новые артисты)
2. Кого вы ждёте? (мой подруги)
3. Кого они пригласили на вечер? (лучшие друзья)
4. Кого вы встретили на выставке? (современные художники)
5. Кого вы узнаете на этой фотографии? (мои сёстры)
6. Кого Джисонг плохо понимает? (иностранные студенты)
7. Кого сейчас осматривает врач? (новые пациенты).

| 연습문제 26 | 다음 질문에 답하시오.

보기 Вы знаете, кого он сфотографировал?
- Да, я знаю, кого он сфотографировал.
- Он сфотографировал известную актрису.

1. Вы знаете, кого они встретили на выставке?
2. Вы знаете, кого она попросила приехать вчера?
3. Вы знаете, что он отправил домой?
4. Вы знаете, что он написал вечером?
5. Вы знаете, какую работу он закончил на прошлой неделе?
6. Вы знаете, какую статью он прочитал вчера?
7. Вы знаете, какого профессора пригласили в университет прочитать лекции?
8. Вы знаете, какого студента она ждет?
9. Вы знаете, какие песни она любит слушать?
10. Вы знаете, какие города она описала в рассказе?

| 러시아어 문법 |

03 방향의 대격

💡 **꼭 기억할 것!**

—Вы идете в театр?
—Да, я иду в театр.
—Они идут на выставку?
—Да, они идут на выставку.

연습문제 27 다음 질문에 답하시오.

1. Вы идёте домой?
2. Школьники идут в столовую?
3. Брат идёт в университет?
4. Сестра идёт на выставку?
5. Ты идёшь на концерт?
6. Вы идёте на работу?
7. Медсестра идёт в лабораторию?
8. Преподаватель идёт на лекцию?
9. Учёный идёт в институт?
10. Актёры идут на репетицию?

연습문제 28 다음 질문에 답하시오.

1. Вы пойдёте сегодня вечером в клуб?
2. Хэрим и Мира пойдут утром в спортивный клуб?
3. Она пойдёт в библиотеку?
4. Андрей пойдёт завтра на лекцию?
5. Вы пойдёте сейчас в лабораторию?
6. Вы пойдёте вечером в театр?

7. Вы пойдёте завтра на репетицию?

💡 꼭 기억할 것!

—Куда вы идёте сейчас?
—Я иду в университет.
—Куда вы пойдёте завтра?
—Завтра я пойду в больницу.
—Куда вы ходили вчера?
—Вчера мы ходили в лабораторию.

연습문제 29 다음 질문에 답하시오.

1. Они едут в Париж?
2. Вы едете в санаторий?
3. Ты едешь на родину?
4. Ваш друг поедет на зимние каникулы в Сибирь?
5. Вы поедете в Москву?
6. Они ездили на прошлой неделе в больницу?
7. Ваша сестра ездила в субботу на концерт?
8. Он ездил вчера в университет?

연습문제 30 다음 질문에 답하시오.

1. Куда международная делегация едет сейчас?
2. Куда едет ваш брат в командировку?
3. Куда идут эти студенты?
4. Куда он так рано едет утром?
5. Куда едут участники конференции вечером?
6. Куда вы поедете через час?

| 러시아어 문법 |

7. Куда мы поедем в субботу?

8. Куда вы ходили в воскресенье?

9. Куда они ездили в понедельник?

10. Куда ходила Хэрим утром?

연습문제 31 괄호안에 주어진 단어를 사용해 질문에 답하시오.

1. Куда вы пойдете через час? (лаборатория)
2. Куда они пойдут вечером? (корейский ресторан)
3. Куда вы пойдёте в субботу? (концерт)
4. Куда он пойдёт в пятницу? (библиотека)
5. Куда друзья ходили вечером? (спортивный клуб)
6. Куда они ходили вчера? (соревнование)
7. Куда вы ходили в прошлом году каждый день? (библиотека).

연습문제 32 괄호안에 주어진 단어를 사용해 질문에 답하시오.

1. Куда Андрей ездил в Париже? (Лувр)
2. Куда они поедут на конференцию? (Московский государственный университет)
3. Куда ваши друзья ездили отдыхать зимой? (горнолыжный курорт, Сербия)
4.. Куда артисты театра ездили на гастроли летом? (Москва, Санкт - Петербург)
5. Куда вы ездили оформлять визу? (консульство)
6. Куда вы ездили на летних каникулах? (Самара)
7. Куда ваша семья хочет переехать в следующем году? (Ярославль)

> 연습문제 33 다음 질문에 답하시오.

보기 Вы знаете, куда он ходил утром?
- Да, я знаю, куда он ходил утром. Он ходил в университет.
- Нет, я не знаю, куда он ходил утром.

1. Вы знаете, куда они поедут отдыхать?
2. Ты знаешь, куда они ходили на вечер?
3. Они знают, куда мы поедем в субботу?
4. Вы знаете, куда они поедут в августе?
5. Хэрим знает, куда она пойдёт вечером?
6. Андрей знает, куда они ездили позавчера на соревнования?
7. Вы знаете, куда она ездила летом учиться?
8. Вы знаете, куда он ездил в прошлом месяце на конференцию?
9. Они знают, куда поедут отдыхать в следующем году?
10. Вы знаете, куда он поедет лётом на реабилитацию после операции?
11. Вы знаете, куда он поедет зимой на лыжный курорт?
12. Они знают, куда вы поедете ужинать?
13. Вы знаете, куда мы едем заниматься спортом?
14. Вы знаете, куда они поедут на соревнования?
15. Вы знаете, куда мы поедем на репетицию?
16. Они знают, куда я поеду на соревнования?
17. Вы знаете, куда обычно Хэрим ходит играть в теннис?
18. Она знает, куда мы ездили играть в гольф.
19. Вы знаете, куда мы поедем на концерт классической музыки?

| 러시아어 문법 |

💡 꼭 기억할 것!

운동동사의 과거형

Я, ТЫ, ОН,	БЫЛ	ХОДИЛ
Я, ТЫ, ОНА	БЫЛА	ХОДИЛА
МЫ, ВЫ, ОНИ	БЫЛИ	ХОДИЛИ

연습문제 34 운동동사를 사용하여 다음 질문에 답하시오.

보기 Где вы были вчера?
- Вчера мы были на катке.

1. Где вы были в субботу?
2. Где вы были утром?
3. Где Андрей был вечером в субботу?
4. Где вы были днём?
5. Где Хэрим была во вторник?
6. Где ваша семья была на каникулах?
7. Где вы были на соревнованиях?
8. Где они были в Хельсинки?
9. Где она была в туристической поездке?
10. Где вы были во время круиза?
11. Где они были в Петербурге?

연습문제 35 운동동사를 사용하여 다음 질문에 답하시오.

보기 Где они были утром?
- Утром они ходили в лабораторию.

1. Где вы были вечером?
2. Где вы были днём?
3. Где они были в воскресенье?
4. Где вы были на летних каникулах?
5. Где они были позавчера?
6. Где ты был во вторник днём?
7. Где она была рано утром?
8. Где он был во время отпуска?
9. Где вы были на экскурсии?
10. Где вы были в субботу?
11. Где вы были во время урока?
12. Где вы были во время праздников?
13. Где вы были во время ужина?
14. Где они были во время практики?

| 러시아어 문법 |

04 동사와 대격케이스사용

💡 **꼭 기억할 것!**

КЛАСТЬ — ПОЛОЖИТЬ
СТАВИТЬ — ПОСТАВИТЬ
ВЕШАТЬ — ПОВЕСИТЬ

Положите, пожалуйста, папку в стол!
Поставьте, пожалуйста, цветы на стол!
Повесьте, пожалуйста, пальто в шкаф.

연습문제 36 오른쪽에 주어진 단어를 사용하여 문장을 완성하시오.

보기 Он поставил _____ (компьютер, стол)
Он поставил компьютер на стол.

поставить	ваза - окно чашка - стол зонт - угол тарелки - буфет принтер - стол
положить	деньги - портмоне визитная карточка - стол ручка - карман ключи - сумка папка - стол

повесить	фотографии - стена зеркало - спальня картина - веранда пальто - шкаф кашпо - балкон

연습문제 37 다음 질문에답하시오.

보기 Куда ты положил папку с документами?
 - Я положил папку с документами в письменный стол.

1. Куда она положила игрушки ребёнка?
2. Куда он положил карту?
3. Куда ты положил свой телефон?
4. Куда она положила свою сумку?
5. Куда они положили письмо?
6. Где лежат очки?
7. Где лежат мои тапочки?
8. Где лежат ваши ключи?
9. Где стоит ваш стол?

연습문제 38 다음 질문을 만드시오.

1. _____ _____ _____ ? - Я сохранил файл в папке «Мои документы».
2. _____ _____ _____ ? - Эта картина висит в Третьяковской галерее.
3. _____ _____ _____ ? – Этот пациент лежит в городской больнице.
4. _____ _____ _____ ? – Этот памятник стоит на городской площади.
5. _____ _____ _____ ? – Эта книга лежит на моём столе в кабинете.
6. _____ _____ _____ ? – Маленькая подушка лежит в моей машине.

| 러시아어 문법 |

7. _____ _____ _____ ? – Эта большая ваза стоит в углу зала.

8. _____ _____ _____ ? – Эта фотография висит у брата в комнате на стене.

9. _____ _____ _____ ? – Это объявление висит в холе на первом этаже.

10. _____ _____ _____ ? – Этот цветок стоит на веранде.

11. _____ _____ _____ ? – Его машина уже стоит в гараже.

12. _____ _____ _____ ? – Твои очки лежат на тумбочке в спальне.

13. _____ _____ _____ ? – Её часы лежат на письменном столе.

14. _____ _____ _____ ? – Их дом стоит в конце улицы.

15. _____ _____ _____ ? – Такси уже стоит у подъезда.

16. _____ _____ _____ ? – Автобус стоит на остановке.

17. _____ _____ _____ ? – Её плащ висит в шкафу.

18. _____ _____ _____ ? – Кашпо висит на балконе.

19. _____ _____ _____ ? – Лекарство лежит в шкафу на кухне.

05 시간을 나타내는 대격

연습문제 39 괄호안에 주어진 단어를 사용해 질문에 답하시오.

1. Когда будет репетиция в театре? (четверг)

2. Когда у вас будет день рождения? (среда)

3. Когда они ездили в путешествие в Хельсинки? (пятница, суббота и воскресенье)

4. Когда вы поедете на рыбалку? (суббота и воскресенье)

5. Когда начинаются спортивные тренировки? (понедельник)

6. Когда он отправил посылку? (четверг)

7. Когда его выписали из больницы? (пятница)

연습문제 40 괄호안에 주어진 단어를 사용해 질문에 답하시오.

1. Когда начинаются лекции в университете? (эта среда)
2. Когда приезжает ваш брат? (следующий месяц)
3. Когда начинаются соревнования по баскетболу? (следующий четверг)
4. Когда они поедут отдыхать на море? (эти выходные)
5. Когда они поедут в экспедицию? (следующая суббота)
6. Когда вы пойдёте в библиотеку?(будущий вторник)
7. Когда вы поедете кдругу? (следующая пятница)

연습문제 41 요일을 나타내는 단어를 사용하여 다음 질문에 답하시오.

1. Вы знаете, когда он ходил гулять с собакой?
2. Вы знаете, когда он ходил на почту?
3. Вы знаете, когда она звонила родителям?
4. Вы знаете, когда они поедут в командировку?
5. Вы знаете, когда он был на концерте?
6. Вы знаете, когда он поедет на каникулы?
7. Вы знаете, когда она занималась в спортивном зале?
8. Вы знаете, когда он работает?

연습문제 42 다음 이탤릭체에 맞는 답을 하시오.

보기 Весь прошлый год я изучал русский язык.
- Сколько времени вы изучали русский язык?

1. *Весь день* она ухаживала за братом в больнице.
2. *Весь вечер* он делал домашнее задание.
3. *Всё утро* он занимался в университете.

| 러시아어 문법 |

4. *Весь день* учёный работал в лаборатории.
5. *Всё лето* ребята купались и загорали.
6. *Всю прошлую неделю* шёл снег.
7. *Весь июнь* в городе стоял туман и шёл дождь.
8. Мы не видели друг друга *целый год*.
9. Она готовила обед *целый час*.
10. Они жили в Германии *целый месяц*.
11. Они ждали этот рейс *целый час*.

연습문제 43 다음 이탤릭체에 맞는 답을 하시오.

보기 Каждый день он ходит в университет.
　　　Как часто он ходит в университет?

1. Каждое лето вся семья уезжает отдыхать на озеро Байкал.
2. Каждый вечер он играет в теннис с друзьями.
3. Каждое утро он пьет крепкий кофе, читает газеты и слушает новости по радио.
4. Каждый вторник они изучают русский язык.
5. Каждую субботу мы ходили с другом на рыбалку.
6. Каждый понедельник он играл с другом в шахматы.
7. Каждый четверг он занимался спортом в спортивном зале и плавал в бассейне.
8. Каждый месяц он навещал родителей.
9. Летом каждое воскресенье он играл с друзьями в футбол.

연습문제 44 이 단어를 사용하여 다음 질문에 답하시오. (каждый день, каждый вторник, каждый год, каждую неделю, ...)

보기 Когда вы играете в гольф?
- Я играю в гольф каждый четверг.

1. Когда вы готовите презентации по этому предмету?
2. Когда вы ходите в музыкальную школу?
3. Когда она ходит в балетную школу?
4. Когда он ходить в художественную школу?
5. Когда вы ездите отдыхать?
6. Когда вы изучаете русский язык?

연습문제 45 다음 단어를 사용하여 문장을 완성하시오. (всё утро, всю неделю, весь месяц, каждый год, ...)

1. Мы говорили об этой истории _____ .
2. Они работали в лаборатории _____ .
3. Спорт смены тренировались _____ .
4. Студенты решали задачи _____ .
5. Мы занимаемся спортом _____ .
6. Я читаю свежие газеты _____ .
7. Они играют в гольф_____ .
8. Инженеры готовят новый проект _____ .
9. Медсестра заполняет медицинские карты _____ .
10. Преподаватель читает лекции по биологии _____ .
11. Мы ходим на лекции по предмету «Маркетинг» _____ .
12. Редакция выпускает этот журнал _____ .
13. Этот известный детский кардиолог делает операции _____ .
14. Эта компания делает скидки для своих клиентов _____ .
15. Этот учёный ездит на конференции _____ .

УРОК 4   여격

01 _사람을 지칭하는데 사용되는 여격
   누구에게 혹은 무엇에게 해당되는 격변화

02 _여격의 단수명사

03 _여격의 복수명사

04 _동사 нравиться – понравиться의 여격

05 _무인칭 구문의 여격

06 _여격과 함께 사용되는 전치사

| 러시아어 문법 |

01 사람을 지칭하는데 사용되는 여격
누구에게 혹은 무엇에게 해당되는 격변화

💡 꼭 기억할 것!

여격사례의미는 "~에게"이며, 의문사 кому / чему 에 대한 대답입니다.

💡 꼭 기억할 것!

Род и число	Именительный падеж (кто? что?)	Дательный падеж (кому? чему?)	Окончания
Мужской род	студент театр преподаватель словарь Алексей музей	студенту театру преподавателю словарю Алексею музею	-у -у -ю -ю -ю -ю
Женский род	студентка комната Таня деревня Мария аудитория площадь	студентке комнате Тане деревне Марии аудитории площади	-е -е -е -е -и -и -и
Средний род	окно море здание	окну морю зданию	-у -ю -ю

Множественное число	студенты	студентам	-ам
	театры	театрам	-ам
	преподаватели	преподавателям	-ям
	музеи	музеям	-ям
	комнаты	комнатам	-ам
	деревни	деревням	-ям
	окна	окнам	-ам
	моря	морям	-ям

🟡 꼭 기억할 것!

Куда (к кому?) он ходил? В поликлинику (В.п.) к врачу (Д.п.)	**Где (у кого?)** он был? В поликлинике (П.п.) у врача (Р.п.)	**Откуда (от кого?)** он пришёл? Из поликлиники (Р.п.) от врача (Р.п.).

🟡 꼭 기억할 것!

Кто? кому?

Мать	матери
Дочь	дочери
Отец	отцу
Друзья	друзьям

| 러시아어 문법 |

💡 꼭 기억할 것!

ДАТЕЛЬНЫЙ ПАДЕЖ ЛИЧНЫХ МЕСТОИМЕНИЙ

Кто?	Кому Антон дал книгу?		К кому он пришёл?	
я		мне		ко мне
ты		тебе		к тебе
он		ему		к нему
она	Антон дал книгу	ей	Он пришёл	к ней
мы		нам		к нам
вы		вам		к вам
они		им		к ним

02 여격의 단수명사

💡 꼭 기억할 것!

Родители всегда давали ему ценные советы.

연습문제 01 보기와 같이 물음에 답하시오.

보기 Вы уже написали письмо директору?
– Нет, я ещё не написала письмо директору.

1. Вы уже дали свой адрес Андрею?
2. Он уже дал совет студенту?
3. Вы уже рассказали о поездке сыну?
4. Вы уже передали моё резюме директору?

5. Вы уже написали письмо другу?

6. Он уже купил машину?

7. Хэрим уже позвонила Михаилу?

8. Она уже приготовила ужин дочери?

9. Профессор уже объяснил студентке эту тему?

10. Он уже открыл дверь подруге?

11. Вы уже рассказали куратору о проблеме?

12. Вы уже сказали учителю о своих пожеланиях.

💡 꼭 기억할 것!

Кому вы передали эти документы?
Я передал эти документы директору.

연습문제 02 오른쪽에 주어진 단어들을 적절히 써 넣어 다음 물음에 답하시오.

보기 Кому вы дали интервью в понедельник? (газета «Аргументы и факты»)

- Я дал интервью в понедельник газете «Аргументы и факты».

1. Кому Вы доверяете в этом офисе? (этот коллега).

2. Кому Вы рассказываете о своих планах? (моя семья).

3. Кому она подарила этот галстук? (брат)

4. Кому она шьёт платье? (дочь)

5. Кому она помогает делать домашнее задание? (подруга)

6. Кому она объясняет, где находиться университет? (новый студент)

7. Кому они отправили посылку? (друг)

8. Кому он вернул ручку? (сосед по парте)

| 러시아어 문법 |

9. Кому вы рассказывали о городе? (туристам)
10. Кому он звонил утром? (врач)
11. Кому преподаватель всегда давал полезные советы? (иностранные студенты)
12. Кому полезно делать массаж? (этот пациент)
13. Кому необходима наша помощь? (семья).
14. Кому она всегда рада помочь? (друг)
15. Кому они купили билеты на концерт? (мама и папа).

연습문제 03 다음 물음에 답하시오.

1. Кому она хотела сшить новое платье?
2. Кому он обещал хорошо учиться?
3. Кому преподаватель обещал показать исторический фильм?
4. Кому она помогает готовить презентацию?
5. Кому она любит готовить этот десерт?
6. Кому мы можем оставить документы?
7. Кому можно рассказать об этой проблеме?
8. Кому можно разрешить заниматься физкультурой?
9. Кому можно посоветовать отдохнуть?
10. Кому нужно рассказать об экскурсии?
11. Кому нужно предложить поехать на море?
12. Кому может мешать громкая музыка?
13. Кому они хотят купить подарок?

연습문제 04 보기와 같이 물음에 답하시오.

보기 Вы знаете, кому она звонила?
- Да, я знаю, кому она звонила. Она звонила подруге.

1. Вы знаете, кому она передала документы?
2. Вы знаете, кому он часто давал советы?
3. Вы знаете, кому он купил подарок?
4. Вы знаете, кому она помогала делать домашнее задание?
5. Вы знаете, кому она отправила это файл?
6. Вы знаете, кому они делают презентацию.
7. Вы знаете, кому они дают завтра интервью.

연습문제 05 이 문장이 답이 될 수 있도록 질문을 만드시오.

보기 Жена подарила мужу галстук.
- Кому жена подарила галстук?

1. Родители посоветовали сыну работать в этой фирме.
2. Наш друг купил коллеге сувенир в Париже.
3. Куратор купил студенту билет на выставку.
4. Врач объяснил пациенту, как нужно принимать лекарство.
5. Преподаватель рассказал коллеге, как работает эта программа.
6. Он хотел рассказать другу, как правильно отвечать на эти вопросы.
7. Секретарь должен напоминать руководителю о важных запланированных встречах.

| 러시아어 문법 |

03 여격의 복수명사

연습문제 06 주어진 대답에 대한 적절한 질문을 완성하시오.

보기 Швейцар открыл двери посетителям.
- Кому швейцар открыл двери?

1. Эти живописные пейзажи дарят художникам и поэтам вдохновение.
2. Аромат кофе дарит людям по утрам хорошее настроение.
3. Громкая музыка в этом клубе мешает друзьям разговаривать.
4. Спорт помогает людям поддерживать здоровье.
5. Эти концерты помогают студентам изучать культуру и традиции России.
6. В рейсе стюардессы раздают пассажирам напитки.
7. Режиссёр помогает артистам войти в роль.

연습문제 07 인칭대명사를 알맞게 써 넣으시오.

보기 Это моя коллега.
Я дала _____ совет по оформлению презентации.
Я дала ей совет по оформлению презентации.

1. Это моя собака. Я купила _____ новый ошейник.
2. Это полицейский. Он попросил показать _____ документы.
3. Это моя первая учительница. Я часто _____ звоню по телефону.
4. Я работаю в Москве. Моя семья часто пишет _____ письма.
5. На сцене много артистов. Зрители дарят _____ цветы.
6. Мы изучаем русский язык. Преподаватель объясняет _____ грамматические правила.

7. Вы еще не были в России? Я могу показать _____ исторический фильм о России.

8. Вы уже закончили делать домашнее задание? Я могу помочь _____ сделать его.

9. У вас есть в этом семестре курс по финансовому менеджменту? Я могу показать _____ расписание.

연습문제 08 인칭대명사를 알맞게 써 넣으시오.

1. Передайте, пожалуйста, (он) _____ наилучшие пожелания.
2. Передайте, пожалуйста, (она) _____ эти документы.
3. Дайте (они) _____ хороший совет.
4. Расскажите (мы) _____ о своих впечатлениях, о поездке на Кипр.
5. Передайте, пожалуйста, (он) _____ эту информацию.
6. Напомните, пожалуйста, (они) _____, что собрание состоится завтра в девять часов утра.
7. Отправьте, пожалуйста, (мы) _____ письмо.

연습문제 09 인칭대명사를 알맞게 써 넣으시오.

1. Автор рассказывает _____ о своей книге (мы)
2. Преподаватель объясняет _____ новую тему. (она)
3. Мой брат часто пишет _____ (я)
4. Они рассказывали … об этом спектакле? (вы)
5. Профессор из России рассказывал _____ о произведении А.С.Пушкина «Евгений Онегин». (они)
6. Родители давали всегда _____ полезные советы. (они)
7. Менеджер прислал _____ важные документы. (я)
8. Если вы хотите, я могу приготовить _____ кофе? (вы). - Спасибо.

| 러시아어 문법 |

9. Помогите _____ пожалуйста, перевести это предложение с корейского на русский язык. (он)

10. Эта продукция поставляется _____ регулярно. (она)

11. Эта организация представила _____ все важные проекты (вы).

연습문제 10 적절한 대명사를 넣어 물음에 답하시오.

보기 Вы уже рассказали гостям о своём университете?
– Нет, я ещё не рассказал им о своём университете.

1. Вы дали другу свой адрес?
2. Вы уже позвонили маме?
3. Автор уже рассказал вам о своей книге?
4. Светлана уже показала сестре свой новый дом?
5. Эта компания уже презентовала спонсорам свой новый проект?
6. Секретарь уже сообщила директору об изменениях в программе конференции?
7. Вы уже забронировали участникам конференции комнату?
8. Хэрим уже говорила друзьям о поездке в центр?
9. Андрей напомнил коллегам о встрече?

연습문제 11 인칭대명사를 알맞게 써 넣으시오.

1. Дайте, пожалуйста, _____ интервью.
2. Передайте, пожалуйста, _____ эти документы.
3. Купите, пожалуйста, _____ открытку.
4. Объясните _____, пожалуйста, как работает эта видеокамера.
5. Помогите _____ , пожалуйста, закрыть дверь
6. Позвоните _____ завтра утром.

7. Расскажите _____, пожалуйста, куда нужно отправить резюме.

연습문제 12 다음 물음에 답하시오.

1. Кто обещал вам рассказать об этой программе?
2. Кому вы помогаете заполнить анкету?
3. Кому вы помогли перевести резюме на английский язык?
4. Кто помог вам написать письмо на русском языке?
5. Кто часто работает в библиотеке?
6. Кто сейчас разговаривает по телефону?
7. Кто собирается выйти замуж?
8. Кому разрешили войти в класс?
9. Кто нарисовал эти картины?
10. Кто написал эту музыку?
11. Кому они отказали в помощи?
12. Кому они увеличили заработную плату?

연습문제 13 다음 물음에 답하시오.

1. Какой пациентке вы выписали это лекарство?
2. Какому пациенту назначена операция на завтра?
3. Каким пациентам нужна срочная помощь?
4. Каким менеджерам дали премию?
5. Каким студентам выплатили стипендию?
6. На какой машине вы хотите ехать в другой город?
7. О каком празднике они рассказывали студентам?
8. Какими событиями наполнена его жизнь?

| 러시아어 문법 |

연습문제 14 괄호안에 주어진 단어를 활용하여 물음에 답하시오.

1. Кому доверяют эти люди? (эти новые руководители)
2. Кому он выплачивает кредит? (этот новый банк)
3. Кому вы помогаете написать резюме? (свой лучший друг)
4. Кому вы обещали продать свою машину? (мой старый друг)
5. Кому врачи советовали много ходить пешком? (этот пациент)
6. Кому вы советуете послушать это интервью? (свои коллеги)
7. Кому вы отправили посылку? (моя семья)

연습문제 15 주어진 대답에 대한 적절한 질문을 완성하시오.

보기 Наш директор даёт интервью известному журналисту.
- Какому журналисту наш директор даёт интервью?

1. Мы помогали нашим молодым неопытным коллегам.
2. Врач давал задание молодому интерну.
3. Секретарь отправила факс наши старым партнёрам по бизнесу.
4. Спортсменка уступила первое место молодой талантливой конкурентке.
5. Он впервые проиграл партию этому молодому шахматисту.
6. Врач передал медсестре новые инструменты.
7. Он уступил место в автобусе пожилому человеку.
8. Он помог открыть двери молодой женщине.

연습문제 16 주어진 대답에 대한 적절한 질문을 완성하시오.

보기 Наш куратор даёт советы новым студентам.
- Каким студентам даёт советы наш куратор.?

1. Профессора передают свой опыт молодым аспирантам.
2. Комиссия присудила премии талантливым молодым учёным и аспирантам.
3. Экскурсоводы рассказывали о городе иностранным туристам.
4. Зал долго аплодировал талантливым артистам театра оперы и балета.
5. Пациенты от всего сердца благодарили опытных талантливых врачей.
6. Ученики чествовали своих школьных учителей.

연습문제 17 괄호안에 주어진 단어를 활용하여 물음에 답하시오.

1. Кто вас всегда поддерживал? (родители) Кому вы благодарны за помощь? (родители)
2. Кто вас учил русскому языку? (учитель) Кому вы всегда рады? (учитель)
3. Кто его обычно провожал в школу? (мама) Кому он рассказывал о школе? (мама).
4. Кто ему обещал купить подарок на день рождение? (лучший друг) Кому он тоже всегда покупал подарки на день рождение? (лучший друг)
5. Кто высоко оценил их работу в компании? (президент) Кому они представили свой последний проект? (президенту).
6. Кто внимательно слушал экскурсовода? (иностранные туристы) Кому экскурсовод рассказывал о Сеуле? (иностранные туристы)
7. Кто всегда задавал учителю много вопросов? (маленькие

ученики) Кому учитель всегда с удовольствием отвечал на вопросы (маленькие ученики).

04 동사 нравиться – понравиться의 여격

연습문제 18 다음 물음에 답하시오.

1. Вам нравится мой вопрос?
2. Вам нравится эта экскурсия?
3. Вам нравится этот почерк?
4. Вам нравятся ваши студенты?
5. Вам нравятся эти презентации?
6. Вам нравятся такие пейзажи?
7. Вам нравятся эти стихи?
8. Вам нравятся детективы?
9. Вам нравятся комедии?
10. Вам нравятся мелодрамы?
11. Вам нравятся романы?
12. Вам нравиться русская литература XIX века?
12. Вам нравятся концерты классической музыки?
13. Вам нравятся сонеты У.Шекспира?
14. Вам нравится путешествовать?
15. Вам нравиться французская кухня?
16. Вам нравиться заниматься спортом?
17. Вам нравиться этот балет?

연습문제 19 다음 물음에 답하시오.

1. Вам понравилась эта презентация?
2. Им понравился этот концерт органной музыки?
3. Ему понравилась эта продукция?
4. Ей понравилось это блюдо?
5. Им понравился новый сотрудник?
6. Ему понравился обед в этом ресторане?
7. Вам понравилось кофе в этом кафе.
8. Вам понравились мои коллеги?
9. Вам понравилась моя книга?
10. Вам понравились его картины?

꼭 기억할 것!

- Раньше мне не нравились концерты классической музыки.

Но сейчас, мне очень нравятся эти концерты.

- Раньше ему не нравился минимализм.

Но сейчас ему очень нравится этот стиль.

- Раньше мне не нравилась античная литература.

Но сейчас она мне очень нравится.

- Раньше ей не нравилось пить кофе утром.

Но сейчас ей нравиться это делать.

- Раньше им не нравилось заниматься зарядкой вечером.

Но сейчас им очень нравиться делать это.

- Раньше нам не нравились художники маринисты.

Но сейчас мы очень любим такую живопись.

- Раньше мне не нравился бейсбол.

Но сейчас мне очень нравится этот вид спорта.

| 러시아어 문법 |

연습문제 20 보기와 같이 문장을 완성하시오.

보기 Мы ходили на концерт. Нам не понравился этот концерт.

1. Мы ездили на выставку.
2. Она были на экскурсии в воскресенье.
3. Вчера на ужин они ели острую еду.
4. Утром в воскресенье они смотрели комедию. . ...
5. Родители читали маленькому сыну сказку.

연습문제 21 동사 любить 나 нравиться를 사용하여 물음에 답하시오.

보기 Вы любите пить кофе?
- Да, я люблю пить кофе.
Какой кофе вам нравится пить? (чёрный кофе)
- Мне нравится чёрный кофе.

1. Вы любите пьесы А.П.Чехова? Скажите, пожалуйста, какие пьесы вам больше всего нравится перечитывать? (пьеса «Вишнёвый сад»).
2. Корейские студенты любят стихи А.С.Пушкина? Какое стихотворение им нравится больше всего? (стихотворение «Если жизнь тебя обманет…»)
3. Вы любите классическую музыку? Музыка какого композитора нравится вам больше всего? (П.И.Чайковский)
4. Вы любите балет? Какая постановка вам нравится больше всего? (балет «Лебединое озеро»)
5. Корейские студенты любят спорт? Какие виды спорта им нравятся больше всего? (бейсбол и гольф)

연습문제 22 주어진 대답에 대한 적절한 질문을 완성하시오.

보기 Андрею двадцать лет.
   - Сколько лет Андрею?

   1. Моему младшему брату двенадцать лет.
   2. Его старшей сестре двадцать шесть лет.
   3. Этому студенту девятнадцать лет.
   4. Профессору пятьдесят лет.
   5. Этому городу исполнилось пятьсот лет.
   6. Ему исполнилось сорок пять лет.
   7. Хэрим двадцать один год.
   8. Мире исполнилось двадцать три года.
   9. Этой крепости уже триста лет.
   10. Этому дубу сто десять лет.
   11. Моей дочери исполнился год.

연습문제 23 다음 물음에 답하시오.

   1. Сколько вам лет?
   2. Сколько лет их подруге?
   3. Сколько лет вашей младшей сестре?
   4. Сколько лет вашему отцу?
   5. Сколько лет этой студентке?
   6. Сколько лет этому дереву?
   7. Сколько лет вашему городу?
   8. Сколько лет исполнилось вашей жене?
   9. Сколько лет вашей дочери?

| 러시아어 문법 |

연습문제 24 다음 물음에 답하시오.

1. Сколько было лет великому полководцу Александру Македонскому когда он взошёл на престол? (двадцать лет)
2. Сколько было лет императрице Екатерине Великой, когда её выдали замуж? (шестнадцать лет)
3. Сколько было лет великому русскому полководцу князю Александру Невскому, когда он участвовал в Ледовом побоище? (двадцать один год)
4. Сколько было лет А.С.Пушкину, когда он написал последние главы романа «Евгений Онегин»? (тридцать один год)
5. Сколько лет было великому композитору Вольвгану Амадею Моцарту, когда он играл на клавесине. (четыре года). Сколько лет было ему, когда он написал первую оперу «Мнимая простушка»? (двенадцать лет)
6. Сколько лет было великому поэту Гёте, когда он писал стихи на немецком, латинском и греческом языках. (девять лет).

05 무인칭 구문의 여격

💡 꼭 기억할 것!

Мне трудно говорить по-русски.
Ему нужно написать письмо другу.

연습문제 25 보기와 같이 반의어를 사용하여 문장을 완성하시오.

보기 Мне легко заниматься в спортивном зале без тренера.
   - Мне трудно заниматься в спортивном зале без тренера.

1. Ему интересно читать исторические книги.
2. Ей приятно получать от них письма.
3. Ему было сложно изучать китайский язык.
4. Врачу было очень приятно, когда его пациенты выздоравливали.
5. Ему было трудно дышать при сильных порывах ветра.
6. Ей было сложно сообщить ему об этом.
7. Ей было не сложно научиться играть на скрипке.

연습문제 26 보기와 같이 과거형, 미래형으로 문장을 완성하시오.

보기 Мне сложно отвечать на такие вопросы.
   - Мне было сложно отвечать на такие вопросы.
   - Мне будет сложно отвечать на такие вопросы.

1. Ей не сложно водить эту машину.
2. Ей не трудно говорить по-английски.
3. Ему сложно написать эту программу.
4. Ей приятно получать письма от старых друзей.

| 러시아어 문법 |

5. Им не интересно решать простые задачи.

6. Вам нужно выучить новые слова.

7. Ей необходимо поменять деньги в центральном банке.

연습문제 27 보기와 같이 부정형으로 질문에 답하시오.

보기 Вам можно много работать?
- Мне нельзя много работать.

1. Ей можно водить машину?
2. Этому пациенту можно пить много кофе?
3. Больному уже можно вставать с постели?
4. Доктор, ему можно заниматься спортом?
5. Вам можно есть острую пищу?
6. Им можно долго работать за компьютером?

연습문제 28 문장안에 쓰여진 должен을 надо나 нужно로 바꾸시오.

보기 Вы должны закончить эту работу к вечеру.
- Вам надо закончить эту работу к вечеру.

1. Мы должны написать сочинение во вторник.
2. Они должны каждый день читать русские тексты.
3. Вы должны сделать рентген.
4. Пациент должен вовремя принимать лекарства.
5. Студенты должны заплатить за обучение в четверг.
6. Я должна поменять деньги в банке.
7. Этот студент должен выступать на конференции.
8. Вы должны есть принимать витамины каждый день.
9. Я должен помочь своему лучшему другу.

연습문제 29   주어진 문장을 과거형과 미래형으로 바꾸시오.

1. При простуде нужно много пить жидкости.
2. Им нужно выучить этот диалог.
3. Ему нужно закончить упражнение.
4. Им нужно подготовить презентацию.
5. Мне нужно изучить этот документ
6. Вам надо высыпаться.
7. Ей нужно заниматься спортом три раза в неделю.
8. Им нужно лечь в больницу на операцию.
9. Нам нужно познакомиться с руководителем проекта.

연습문제 30   동사 мочь를 можно로 바꾸어 문장을 완성하시오.

보기 Вы можете отложить эту работу.
   - Вам можно отложить эту работу.

1. Вы можете идти домой, потому что вы уже всё сделали.
2. Они могут не приходить сегодня в офис, потому что днём они вернулись их командировки.
3. Они могут не готовить презентацию, потому что они уже выступили на прошлой неделе.
4. Он может отдохнуть, потому что он сегодня уже много сделал.
5. Вы можете не проверять эту работу, потому что я уже проверила её.
6. Она может не рассказывать подробно нам о поездке, потому что она уже всё написала в письме.

| 러시아어 문법 |

06 여격과 함께 사용되는 전치사

 꼭 기억할 것!

Я иду к другу.
Лётом Джон ездил к родителям.

연습문제 31 다음 물음에 답하시오.

1. Вы сегодня идёте к директору?
2. Вы сегодня пойдёте на собрание?
3. Вы пойдёте на лекции в университет завтра?
4. Он поедет завтра в Москву?
5. Вы поедете в пятницу домой?
6. Вы уже ходили на ужин с друзьями?
7. Вы идёте вечером в театр?

연습문제 32 보기와 같이 주어진 문장을 과거형과 미래형으로 완성하시오.

 К кому Хэрим идёт?
К кому Хэрим ходила?
К кому Хэрим пойдёт?

1. К кому они идут на день рождение?
2. К кому идёт Хэрим на праздник?
3. К кому он идёт на новоселье?
4. К кому вы едете на свадьбу?
5. К кому вы едете в гости?
6. К кому она идёт на юбилей?

연습문제 33 알맞은 대명사를 써 넣으세요.

보기 Здесь работает мой брат. Я еду ____ .
Здесь работает мой брат. Я еду к нему.

1. Мы пригласили наших друзей сегодня вечером. Они приедут _____ в семь часов вечера.
2. Она едет на каникулы в Скандинавию, в Стокгольм. Брат приедет _____ на следующей неделе.
3. Наша подруга учиться в Лондоне. Она прилетит _____ на летние каникулы.
4. Я обещал заехать к родственникам. Я поеду _____ воскресенье.
5. Его пригласили на ужин родители. Но поедет _____ в субботу вечером.
6. Мой друг работает в университете. Мне необходимо заехать _____ завтра утром.
7. Она обещала научить друзей из России готовить «пульгоги». Они приедут _____ в субботу днём.
8. Сегодня у меня много работы, поэтому не приезжайте _____ Я жду вас завтра днём.
9. У них в лаборатории всегда много работы, сегодня они не смогут приехать _____ . Мы увидимся на выходных.

연습문제 34 보기와 같이 주어진 문장을 보고 질문들을 완성하시오.

보기 Я был в поликлинике. Где вы были?
Я ходил в поликлинику. Куда вы ходили?
Я ходил к врачу. К кому вы ходили?

• После лечения пациенты отдыхали в санатории. Пациенты ездили

| 러시아어 문법 |

- к врачу. Каждый день они ходили на процедуры и в бассейн.
- Научные сотрудники работали в этом университете. Каждый день они ставили научные эксперименты в лаборатории. Они часто ездили на научные конференции. Аспиранты часто ездили советоваться к экспертам.
- Наша подруга учиться в Лондоне в университете. Она часто приезжает на Родину к родителям.
- Спортсмены проводят много времени в спортивном зале. Они часто уезжают на соревнования. Тренеры из Европы часто приезжают к ним.
- Артисты много репетируют в театре. Труппа часто уезжает на гастроли. Летом в театр приезжают артисты из других городов России.
- Они были в Санкт – Петербурге. Они ходили в Эрмитаж. Туристы часто обращались с вопросами к экскурсоводу.
- Эти сотрудники, вот уже, пять лет работают в этой известной компании. Завтра они идут в ресторан на юбилей к коллегам.

연습문제 35 첫번째 문장을 활용하여 두번째 문장을 완성하시오.

1. На этой реке быстрое течение. Вчера мы сплавлялись _____ на лодках.
2. На этом поле много цветов. Они любили гулять ____
3. В нашей квартире живёт кошка. Целый день она бегает ____ .
4. В коридорах на всех этажах дворца лежал красивый мраморный пол. Звук шагов разносился …всем…, когда она шла ….дворца.
5. На ветвях елей лежал снег. Он бесшумно осыпался, когда _____ прыгали белки.
6. Был поздний вечер, и на дороге почти не было машин. Только несколько запоздалых пешехода возвращались ____ заснеженной

_____ домой.

7. На древних узких улочках Герцег Нови стоят старинные каменные жилые дома. По этим улочкам когда-то ходили римские легионеры.

연습문제 36 괄호안에 주어진 단어를 활용하여 문장을 완성하시오.

보기 Он любил путешествовать … (Европа)
Он любил путешествовать по Европе.

1. Им нравилось ходить под парусами _____ (живописный залив)
2. Они до позднего вечера гуляли _____ (площадь), а потом вернулись в отель _____(знакомая улица).
3. Ему было легко сдавать экзамены _____ (английский язык), потому что он долгое время жил в США.
4. После катастрофы волонтёры ходили _____ (дома), предлагая помощь.
5. _____ (жаркая пустыня) среди барханов шёл караван.

연습문제 37 괄호안에 주어진 단어를 사용해 질문에 답하시오.

보기 Какой это учебник? – Это учебник по анатомии.
Какой вам надо сдать экзамен? Нам надо сдать экзамен по анатомии.

1. Какой это учебник? (русский язык)
2. Какая это контрольная работа? (финансовый менеджмент)
3. Какая это лекция? (антропология)
4. Какое это занятие? (английский язык)

5. Какие это тетради? (химия).

6. Какая лекция будет завтра? (биология).

7. Какую литературу вам нужно купить? (физика)

연습문제 38 по факсу, по почте, по радио, по телевизору, по телефону를 사용하여 문장을 완성하시오.

1. Вы вчера смотрели вечерние новости …(канал KBS)?
2. Вы получили документы из Китая …(факс)?
3. Они получили мою посылку …(почта)?
4. Сколько вы с подругой разговаривали … (телефон) вчера?
5. Она любит слушать музыку и передачи …(радио)?
6. Вы смотрите документальные фильмы … (телевизор)?

여격

УРОК 5   생격

01 _생격의 단수명사

02 _단수생격의 형용사와 소유대명사

03 _숫자 **два, три, четыре**가 있는 속격의 사용

04 _생격의 복수명사

05 _수량을 나타내는 단어와 함께하는 생격

06 _복수생격의 형용사와 인칭대명사

07 _소유를 나타내기위해 사용하는 속격

08 _수식어의속격

09 _비교급과 함께 사용하는 속격

10 _날짜를 나타내기 위해 사용하는 속격

11 _방향을 나타내는 전치사из와 с의 생격, 전치사у의 생격, до의 생격

| 러시아어 문법 |

01 생격의 단수명사

 꼭 기억할 것!

Я	У МЕНЯ	МЫ	У НАС
ТЫ	У ТЕБЯ	ВЫ	У ВАС
ОН, ОНА	У НЕГО, У НЕЁ	ОНИ	У НИХ

연습문제 01 보기와 같이 물음에 답하시오.

보기 У вас есть её адрес?
　　　 - У меня нет её адреса.

1. У вас есть номер его телефона?
2. У вас есть машина?
3. У вас есть семинар в понедельник?
4. У Андрея есть студенческий билет?
5. У вашего соседа есть англо – русский словарь?
6. В этом здании есть «Wi-Fi»?
7. У вас есть факс?
8. В этом городе есть метро?
9. У вас в машине есть навигатор?
10. В этом файле есть ошибка?
11. У вас есть собака?
12. У него есть учебник?
13. В вашем доме есть лифт?
14. В общежитии есть холодильник?
15. В этом фотоальбоме есть его фотография?

16. Сегодня у вас есть лекция по маркетингу?
17. У них в саду есть беседка?
18. В этом санатории есть бассейн?
19. В этом университете есть кафе?
20. У вас есть брат?

꼭 기억할 것!

У вас был урок?
У вас была лекция?
У вас было собрание?
У нас не было

연습문제 02 보기와 같이 물음에 답하시오.

보기 У вас нет карандаша?
  - У меня есть карандаш.

1. У вас нет конверта?
2. У вас нет ножа?
3. У вас в продаже нет романа «Мастер и Маргарита»?
4. У вас нет мольберта?
5. У вас нет фонарика?
6. У них нет замка?
7. У вас нет стакана?
8. У них нет сэндвича?
9. У вас в деревне нет дома?
10. У вас нет текста выступления этого артиста?
11. У этого режиссера еще нет сценария?

| 러시아어 문법 |

12. У них нет телефона?
13. У него нет мотоцикла?
14. У этих студентов сегодня нет семинара?

연습문제 03 보기와 같이 물음에 답하시오.

보기 В этом городе нет театра?
- В этом городе есть театр.

1. У вас нет статьи?
2. У вас нет открытки?
3. У вас нет письма?
4. В этом здании нет аптеки?
5. У них сегодня нет тетради?
6. У этого экскурсовода нет карты?
7. В вашем кабинете нет фотографии этого студента?
8. На этой неделе нет репетиции в студенческом театре?

연습문제 04 다음 물음에 부정으로 답하시오.

1. На прошлой неделе было соревнование по плаванию?
2. Вчера в университете была открытая лекция по философии?
3. Сегодня днём был семинар по экономике?
4. В прошлом году у него был экзамен по английскому языку?
5. Позавчера в центре города был фейерверк?
6 Вчера у вас было свободное время?
7. В прошлом месяце у вас был отпуск?

연습문제 05 다음 물음에 부정으로 답하시오.

1. Завтра на стадионе будет соревнование по футболу?
2. В следующем месяце в них будет экскурсия в музей А.С.Пушкина?
3. Завтра у них будет тестирование по биологии?
4. В среду в филармонии будет концерт?
5. В субботу в театре будет спектакль «Укрощение строптивой»?
6. В следующем году в России будет кинофестиваль?
7. Через час в библиотеке будет встреча выпускников?
8. Вечером в городе будет праздник?
9. Вы будете отмечать свой день рождения.

연습문제 06 보기와 같이 물음에 답하시오.

보기 Почему вы не говорите? (микрофон)
- Я не говорю, потому что у меня нет микрофона.

1. Почему ты не подписываешь открытку? (ручка)
2. Почему ты не рисуешь по вечерам? (время - времени)
3. Почему он не переводит текст? (словарь)
4. Почему ты не сделала горячий шоколад? (молоко)
5. Почему ты не танцуешь? (партнер)
6. Почему ты не готовишь салат? (масло)
7. Почему вы не фотографируете? (фотоаппарат)
8. Почему вы ехали так долго? Вы ехали на автобусе? (машина)
9. Почему она не готовит презентацию? (программа Power Point)

| 러시아어 문법 |

02 단수생격의 형용사와 소유대명사

연습문제 07 보기와 같이 물음에 답하시오.

보기 У кого есть словарь? (твоя подруга)
- Словарь есть у твоей подруги.

1. У кого есть анкета? (директор)
2. У кого есть эта программа? (Виктор)
3. У кого есть научная статья? (редактор)
4. У кого есть интересный доклад? (этот профессор)
5. У кого есть дом в деревне? (наш сосед)
6. У кого есть сестра? (мой друг)
7. У кого есть вопрос? (этот студент)
8. У кого есть гитара? (Михаил)
9. У кого есть учебник? (Андрей)

💡 꼭 기억할 것!

У вас есть этот учебник? У меня нет этого учебника.
У вас есть эта книга? У меня нет этой книги.

연습문제 08 다음 물음에 부정으로 답하시오.

1. У вас есть этот журнал?
2. У вас есть этот словарь?
3. У них есть этот карандаш?
4. У них дома есть этот ключ?
5. У вас в комнате есть это зеркало?
6. У вас продаже есть этот принтер?
7. У вас есть это приглашение?
8. У него есть этот билет?

9. У них есть этот аквариум?
10. У него есть этот костюм?
11. У них есть этот мотоцикл?

연습문제 09 다음 물음에 부정으로 답하시오.

1. У вас в пенале есть эта ручка?
2. У него есть эта марка?
3. У них на выставке есть эта фотография?
4. В вашем доме есть эта мебель?
5. У вас есть эта компьютерная программа?
6. У них в гараже есть эта машина?
7. У него в коллекции есть эта картина?

연습문제 10 다음 물음에 답하시오.

1. У кого есть маленькое зеркало?
2. У кого есть конверт?
3. У кого есть свободное время?
4. У кого есть ошибки в контрольной работе?
5. У кого есть домашняя работа?
6. У кого в университете есть бассейн?
7. У кого есть билеты в кино?
8. У кого есть приглашение на свадьбу?
9. У кого есть классическая музыка?

 | 러시아어 문법 |

 꼭 기억할 것!

У вас есть новогодняя открытка?
У меня нет новогоднейоткрытки.

연습문제 11 물음에 부정으로 대답하시오.

보기 У вас есть вчерашняя газета?
- У меня нет вчерашней газеты.

1. У вас есть летом отпуск?
2. У неё в университете есть зимние каникулы?
3. У него есть спортивный костюм?
4. У него есть спортивная обувь?
5. У вас есть теплые перчатки?
6. У вас есть сегодня репетиция в театре?
7. У вас есть сегодня семинар по экономике?
8. На этой улице есть освещение?
9. У них в комнате есть лоджия?
10. В вашем доме есть камин?
11. У вас есть англо – русский словарь?
12. В этой библиотеке есть читальный зал
13. В этом парке есть тополиная аллея?
14. В этом музее есть новая экспозиция?
15. У вас есть свободное время в субботу вечером?
16. У него есть спортивный велосипед?
17. У васесть младшая сестра?
18. У нее есть вечернее платье?

연습문제 12 다음 물음에 긍정, 부정으로 답하시오.

보기 В этой больнице есть отделение эндокринологии?
- Да, здесь есть отделение эндокринологии?
- Нет, здесь нет отделения эндокринологии.

1. В этой больнице есть ЛОР отделение.
2. В этой больнице есть отделение гастроэнтерологии?
3. В этой больнице есть отделение аллергологии?
4. В этой больнице есть отделение рентгенологии?
5. В этой больнице есть отделение общей терапии?
6. В этой больнице есть отделение пульмонологии?
7. В этой больнице есть отделение кардиологии?
8. В этой больнице есть отделение нейрохирургии?
9. В этой больнице есть отделение трансплантологии?
10. В этой больнице есть отделение пластической хирургии?
11. В этой больнице есть отделение детской хирургии?
12. В этой больнице есть отделение урологии?
13. В этой больнице есть отделение эндокринологии?
14. В этой больнице есть отделение стоматологии?
15. В этой больнице есть отделение травматологии?

연습문제 13 다음 물음에 부정으로 답하시오.

보기 Она сейчас в аудитории?
- Нет, ее сейчас нет в аудитории.

1. Они сейчас в парке?
2. Он в классе?
3. Она сейчас в школе?

| 러시아어 문법 |

4. Она сейчас в фирме?
5. Они сейчас в магазине?
6. Они в больнице?
7. Она сейчас в аптеке?
8. Он сейчас на выставке?
9. Они сейчас в театре?
10. Они сейчас в банке?
11. Он сейчас в офисе?
12. Вы сейчас в городе?
13. Они сейчас дома?

연습문제 14 다음 물음에 부정으로 답하시오.

보기 Джон сейчас в классе?
Нет, Джона нет сейчас в классе?
(Нет, его нет сейчас в классе.)

1. Харим сейчас в России?
2. Андрей сейчас в Сеуле?
3. Мина сейчас в библиотеке?
4. Михаил и Иван сейчас в ресторане?
5. Ваш брат сейчас в Москве?
6. Хэрим сейчас на лекции?
7. Мисонг сейчас в кинотеатре?

연습문제 15   이탤릭체로 된 단어를 인칭대명사에 맞게 변경하여 물음에 부정으로 대답하시오.

보기 Ваша ручка лежит в сумке?
- Нет, её нет в сумке.

1. Медицинские халаты висят в шкафу?
2. Студенты сейчас в лаборатории?
3. Документы лежат у вас в столе?
4. Газета лежит на кресле?
5. Автобус стоит на остановке?
6. Письмо лежит в папке?
7. Это большое зеркало висит на стене?
8. Телефон лежит в кармане?
9. Контракт лежит на столе?
10. Машина стоит в гараже?
11. Сейчас деньги лежат на счету в банке?

연습문제 16   보기와 같이 문장들을 완성하시오.

보기 Этот менеджер вчера уехал в командировку, поэтому _____ в офисе.
Этот менеджер вчера уехал в командировку, поэтому его нет (не было) в офисе.

1. Этот актёр уехал в отпуск, поэтому ____ ____ на репетиции.
2. Свежая рыба сегодня уже продана, поэтому _____ _____ на прилавке.
3. Этот профессор уехал на конференцию, поэтому _____ ____ в университете.
4. Мой лучший друг заболел на прошлой неделе, поэтому всю неделю ____ ____ в школе.

| 러시아어 문법 |

5. Этот спортсмен уехал на соревнования вчера, поэтому _____ _____ сегодня на тренировке.
6. На летних каникулах Мира уехала с родителями отдыхать на море, поэтому все лето _____ _____ в городе.
7. Харим всю неделю жила у своей подруги, поэтому _____ _____ в общежитии.

03 숫자 два, три, четыре가 있는 속격의 사용

연습문제 17 숫자 два, три, четыре를 사용하여 물음에 답하시오.

보기 У вас есть тетради?
- Да, у меня есть две тетради.

1. У вас открытки?
2. У него есть конверты?
3. У вас есть подарки к Новому году?
4. У вас в университете есть столовые?
5. В этом университете есть стадионы?
6. У вас есть замечания?
7. У вас есть учебники по маркетингу?
8. У вас в фирме есть машины?
9. У неё есть братья?
10. У вас есть дети?
11. У вас есть время ответить на вопросы этих журналистов? (3, минута)
12. У вас есть время? (2, час)
13. Согласно расписанию у них есть свободное время? (3, час)
14. У них есть время после уроков? (4, час)
15. Как долго работает этот магазин? (24 час).

04 생격의 복수명사

05 수량을 나타내는 단어와 함께하는 생격
Много, мало, сколько, несколько, немного와
TheGenitivewiththeWords много, мало, сколько, несколько, немного andCardinalNumerals.

연습문제 18 다음 물음에 답하시오.

보기 Сколько домов на этой улице? (7)
 - На этой улице 7 домов.

1. Сколько студентов в этой группе? (7)
2. Сколько домов в этой маленькой деревне? (9)
3. Сколько менеджеров работает в офисе в Праге?(20)
4. Сколько участников конференции уже зарегистрировалось?(25)
5. Сколько отделений в этой больнице? (26)
6. Сколько пациентов пришли вчера на прием? (5)
7. Сколько человек абитуриентов ответили на этот сложный вопрос? (11)
8. Сколько пассажиров на этом рейсе (22)
9. Сколько машин в гараже у этой компании? (9)
10. Сколько государственных университетов в этом городе? (6)
11. Сколько студентов уже сдали все экзамены?
12. Сколько пациентов в этой палате? (5)
13. Сколько детей в этой большой семье? (6)

| 러시아어 문법 |

연습문제 19 보기와 같이 물음에 답하시오.

보기 Вы знаете, сколько студентов в этой группе?
- Да, я знаю, сколько студентов в этой группе.
- В этой группе 7 студентов.

1. Вы знаете, сколько вопросов в этой анкете?
2. Вы знаете, сколько человек сейчас на конференции?
3. Вы знаете, сколько студентов в нашем классе?
4. Вы знаете, сколько квартир на этом этаже?
5. Вы знаете, сколько преподавателей в нашем университете?
6. Вы знаете, сколько лабораторий в этом диагностическом центре?
7. Вы знаете, сколько операционных блоков в этой больнице?
8. Вы знаете, сколько аспирантов в этом университете?
9. Вызнаете, сколько музеев и памятников в этом городе?

연습문제 20 다음 물음에 답하시오.

1. Сколько больниц в вашем городе?
2. Сколько отделений в вашей больнице?
3. Сколько врачей работает в вашей больнице?
4. Сколько врачей работает в вашем отделении?
5. Сколько медсестер в вашем отделении?
6. Сколько интернов в вашем департаменте?
7. Сколько пациентов лежит в вашем отделении?
8. Сколько операций в день делают хирурги?

연습문제 21 괄호안에 주어진 숫자를 사용하여 물음에 답하시오.

1. Сколько часов вы изучаете русский язык каждый день? (5)
2. Сколько часов тренируется этот спортсмен? (5)
3. Сколько дней вы путешествовали (11)
4. Сколько лет Хэрим изучала русский язык? (7)
5. Сколько лет вы жили в России? (8)
6. Сколько лет он учился в университете (6)
7. Сколько дней вы отдыхали летом?(9)
8. Сколько дней вы работали над этим проектом? (15)
9. Сколько дней они отдыхали зимой? (10)

연습문제 22 괄호안에 주어진 단어를 사용하여 물음에 답하시오.

1. Сколько времени вы занимаетесь каждый день? (8, час)
2. Сколько времени вы готовили доклад? (4, час.)
3. Сколько времени вы читали этот роман? (1, неделя)
4. Сколько времени вы отдыхали на море? (12, день)
5. Сколько времени вы готовили ужин? (2, час)
6. Сколько времени вы отдыхали на прошлой неделе? (2, день)
7. Сколько времени вы проходили практику в этой фирме? (2, месяц)
8. Сколько времени вы будете отдыхать на зимних каникулах? (2, месяц)
9. Сколько времени вы были на тренировке? (2, час)
10. Сколько времени вы изучаете китайский язык?(4, год)
11. Сколько времени он был в парикмахерской? (1 час).

| 러시아어 문법 |

연습문제 23 다음 물음에 답하시오.

보기 Сколько стоит этот учебник по математике? (140 рубль)
 - Этот учебник стоит сто сорок рублей.

1. Сколько стоит молочный коктейль? (80 рубль)
2. Сколько стоит это блюдо? (500 рубль)
3. Сколько стоит салат в этом ресторане? (150рубль)
4. Сколько стоит обучение в этом университете? (25 000, рубль)
5. Сколько стоит этот деловой костюм? (15000, рубль)
6. Сколько стоит билет на самолет? (14000,рубль)
7. Сколько стоит билет в театр? (80, рубль)
8. Сколько стоит плитка шоколада? (65рубль)
9. Сколько стоит коробка конфет? (120, рубль)
10. Сколько стоит конверт? (10, рубль; 50,копейка)
11. Сколько стоит доставка груза? (15 000, рубль)
12. Сколько стоит этот серый шарф? (230, рубль)
13. Сколько стоят эти туфли? (3000, рубль)
14. Сколько стоят эти кроссовки? (4500, рубль)
15. Сколько стоят эти босоножки? (5000, рубль)
16. Сколько стоит эта рубашка? (1600, рубль)
17. Сколько стоят эти брюки? (15000, рубль)
18. Сколько стоят эти сапоги? (4600, рубль)
19. Сколько стоят эти очки? (2500, рубль)
20. Сколько стоит вечернее платье в этом магазине? (16000, рубль)
21. Сколько стоит фруктовый сок в этом магазине? (60, рубль)
22. Сколько стоит эта кожаная сумка? (9000, рубль)
23. Сколько стоит билет на поезд? (7000, рубль)
24. Сколько стоит билет на футбол? (100, рубль)
25. Сколько стоит абонемент в бассейн? (3000, рубль)
26. Сколько стоит чашка кофе в этом ресторане? (70, рубль)

27. Сколько стоит ручка? (7, рубль; 50, копейка)
28. Сколько стоит эта пицца? (300, рубль)
29. Сколько стоит этот спортивный костюм? (500, рубль)
30. Сколько стоит один килограмм яблок? (40, рубль)

연습문제 24 보기와 같이 물음에 답하시오.

보기 Вызнаете, сколько стоит эта ручка?
- Да, я знаю, сколько стоит эта ручка.
- Она стоит 2 рубля. Это очень дорогая ручка.

1. Вы знаете, сколько стоит эта мебель?
2. Вы знаете, сколько стоит этот диван?
3. Вы знаете, сколько стоит этот стол?
4. Вы знаете, сколько стоит эта кровать?
5. Вы знаете, сколько стоит это кресло?
6. Вы знаете, сколько стоит этот шкаф?
7. Вы знаете, сколько стоит это зеркало?

연습문제 25 보기와 같이 물음에 답하시오.

보기 Вы знаете, сколько стоит эта синяя футболка?
- Нет, я не знаю, сколько стоит эта синяя футболка?

1. Вы знаете, сколько стоит эта белая блуза?
2. Вы знаете, сколько стоят эти черные сапоги?
3. Вы знаете, сколько стоит этот серый костюм?
4. Вы знаете, сколько стоит эта оранжевая сумка?
5. Вы знаете, сколько стоит это фиолетовое платье?

| 러시아어 문법 |

6. Вы знаете, сколько стоит этот зеленый шарф?

7. Вы знаете, сколько стоит этот желтый свитер?

8. Вы знаете, сколько стоит этот синий галстук?

연습문제 26 다음의 문장이 대답이 되도록 질문을 완성하시오.

1. _____? У нас в классе 20 учеников.
2. _____? Он работает в фирме уже 10 лет.
3. _____? Они отдыхали на море 3 недели.
4. _____? Андрей купил 4 книги.
5. _____? Он написал 2 письма.
6. _____? Врач принял 10 пациентов.
7. _____? В этом альбоме лежит 15 фотографий.
8. _____? В нашем доме 4 комнаты.

💡 꼭 기억할 것!

Сколько человек сидит в комнате?

Сколько человек было вчера на собрании?

연습문제 27 괄호안에 주어진 단어를 알맞게 써넣으시오.

1. В этом регионе много _____ (реки и озёра).
2. На улицах столицы много _____ (машины, автобусы, трамваи, троллейбусы).
3. В стоматологической больнице было много _____ (пациенты).
4. На вечере было много _____ (студенты и их родители).
5. В этом магазине Мина купила несколько_____ (открытки, тетради, ручки, карандаши).

6. В этом году в санатории не много _____ (дети)
7. В этом театре на премьере спектакля было много известных _____ (актеры, актрисы, режиссеры, музыканты и певцы).
8. В этом здании было много _____ (офисы, магазины, салоны, конференц-залы, бизнес – центры и банки)
9. В университетской библиотеке всегда много (преподаватели, студенты, аспиранты, исследователи) _____
10. На международной медицинской конференции было много _____ (невропатологи, нейрохирурги и травматологи)
11. На этом заседании парламента было много _____ (журналисты и фотографы).
12. В строительном институте работало много _____ (архитекторы и инженеры).
13. На фестивале было много _____ (танцевальные и музыкальные коллективы).

연습문제 28 괄호안에 주어진 단어를 알맞게 써넣으시오.

1. В нашем университете много _____ (профессоры).
2. В этом фильме снимается много известных _____ (актеры).
3. На этом фестивале работало много _____ (волонтеры).
4. В оранжерее она купила несколько _____ (букеты).
5. Тот пловец проплыл _____ (100 метр) брасом очень быстро
8. Преподаватель нашел несколько _____ (ошибки) в работе этих _____ (студенты).
9. Мира купила несколько _____ (апельсины) в этом магазине.
10. Он покупает много _____ (овощи) у этих _____ (продавцы).
11. В России много _____ (заповедники и национальные парки).

| 러시아어 문법 |

연습문제 29 다음을 읽고 괄호안에 주어진 단어를 적절한 형태로 알맞게 써넣으시오.

Прогноз _____ (погода).
По данным Гидрометцентра РФ, в четверг в Москве воздух прогреется до _____(2-4 градусы) выше _____(0), по области будет от _____ (1 до 4 градусы) тепла.В пятницу будет преобладать облачная погода, местами не исключены небольшие осадки.Ночью и утром в отдельных районах туман. Температура ночью в Москве около _____ (0), в Подмосковье – от минус _____ (2) до плюс _____(3 градусы). Днем, в последний рабочий день этой недели, столбики термометров поднимутся в столице до _____(4градусы). Ветер западный и юго-западный 2 _____ (метр) в секунду.

Всемирная глобальная деревня
Сегодня термин «глобальная деревня» _____ (Маршалл Маклюэн) главным образом используется как метафора. Этот термин существует для описания сложившейся новой коммуникационной, а впоследствии и культурной ситуации. Маклюэн описывает, как земной шар «сжался» до _____ (размеры) деревни. Стала возможна мгновенная передача _____ (информация) с любого континента в любую точку мира. Этот термин описывает _____ (Интернет) и _____ (Всемирная паутина).
В Интернете физическое расстояние между собеседниками не играет существенной _____(роль) для общения. Стираются не только пространство и время, но происходит сближение _____ (культура), _____(мировоззрения), _____ (традиции) и _____ (ценности). Во время общения друг с другом посредством _____ (электронные средства связи), люди рассуждают и поступают, таким образом, как если бы, они находились совсем рядом, жили бы в «одной деревне».

연습문제 30 다음을 큰소리로 읽고 괄호안에 주어진 단어를 적절한 형태로 알맞게 써넣으시오.

Олимпийская сборная России
на XXX летних Олимпийских играх в Лондоне

XXX летние Олимпийские игры в 2012 году проходили с 27 (июль) по 12 (август) в Лондоне. Соревнования проходили по 34 (вид)(спорт) и в них приняли участие более 10000 (спортсмен) из 204 (страны).

Наши мастера спорта состязались в 34 (вид)(Олимпийская программа). Наибольшее представительство от (Москва) (149 спортсмены), от (Московская область) (68 делегаты) и от (Санкт-Петербург) (43 участники). А всего наша Олимпийская сборная состояла из 436 (участник): 208 (мужчины) и 228 (женщины). Команда сравнительно молодая – ее средний возраст составляет 26 (года). Общее же количество (участники)(российская делегация), включая (тренеры, врачи, массажисты, технический персонал), составила 804 (участники).

Сборная России завоевала 24 (золотые медали), 25 (серебряные медали) и 33 (бронзовые медали). Всего сборная завоевала 82 (медали).

| 러시아어 문법 |

06 복수생격의 형용사와 인칭대명사
новых домов, красивых зданий, широких улиц.

연습문제 31 다음을 큰소리로 읽고 괄호안에 주어진 단어를 적절한 형태로 알맞게 써 넣으시오.

1. Большое количество _____ (форумы, обсуждения, ярмарки и выставки), на которых были представлены десятки ____ (проекты), нацеленных на развитие _____ (курортная сфера), недавно прошли в Крыму.

2. На международную конференцию прибыло большое количество _____ (студенты, аспиранты, известные ученые, интерны и исследователи).

3. В этом известном цирке всегда было много ____ дрессированные животные) их разных уголков планеты. Было много ____ (тигры, рыси, львы, пантеры, ягуары, леопарды, медведи, жирафы и лошади).

연습문제 32 괄호안에 주어진 단어를 적절한 형태로 알맞게 써넣으시오.

1. В центре _____ (город) много _____ (театры, выставки, галереи, магазины, кинотеатры и музеи).
2. В центре ____ (Сеул) много ____ (небоскреб).
3. В России много ____ (полезные ископаемые)
4. На этой улице много ____ (магазины и рынки)
5. В России учится много ____ (иностранные студенты).
6. В этом доме живет несколько ____ (аспиранты и преподаватели).
7. В этом семестре у студентов медицинского факультета много

_____(экзамены).

연습문제 33 괄호안에 주어진 단어를 알맞게 써넣으시오. 단어 много, мало, несколько를 사용하여 물음에 답하시오.

1. Сколько ____ (экзамены) он сдает в этом семестре?
2. Сколько ____ (минута) он делает упражнение?
3. Сколько ____ (аспиранты) в этом университете?
4. Сколько ____ (университеты) в вашем городе?
5. Сколько ____ (рисунки) прислали дети на конкурс?
6. Сколько ____ (книги) вы прочитали в прошлом году?
7. Сколько ____ (дни) в неделю он изучает русский язык?

꼭 기억할 것!

Сегодня в киоске были французские газеты. Сегодня в киоске не было французских газет.
Завтра в киоске будут французские газеты. Завтра в киоске не будет французских газет.

연습문제 34 물음에 부정으로 대답하시오.

보기 У вас есть вчерашние газеты?
-У меня нет вчерашних газет.

1. У вас есть блокноты?
2. В магазине есть новые учебники?
3. В этой анкете есть сложные вопросы?
4. В этом доме есть большие квартиры?
5. В автобусе есть свободные места?

| 러시아어 문법 |

6. В этом году у вас будут осенние каникулы?
7. В этом магазине есть вечерние платья?
8. В этом торговом центре продаются телевизоры?
9. В этих ответах есть ошибки?
10. В медицинском центре есть столовые?
11. В этой передаче были документальные кадры?

연습문제 35 보기와 같이 문장들을 완성하시오.

보기 У вас есть билеты в театр, а у нас нет билетов в театр.

1. У Андрея есть сегодня лекции по истории, а у Харим нет _____.
2. У Мины есть билет на самолет, а у Ивана нет_____.
3. У меня есть младшая сестра, а у нее нет _____.
4. У них будет сегодня контрольная работа, а у вас _____.
5. У него есть счет в банке, а у нее еще _____.
6. На рынке есть свежие фрукты, а в магазине нет _____.
7. В нашем офисе сеть факс, а в их офисе нет _____.
8. У них есть уроки по английскому языку, а у нас нет _____.
9. У неё есть спортивная обувь, а у меня нет _____.

연습문제 36 물음에 부정으로 대답하시오.

1. У этих студентов сегодня есть семинары по биологии?
2. У нихв библиотеке есть художественная литература?
3. На кафедре есть исторические документальные фильмы?
4. На первом этаже есть ключи от аудитории?
5. На этой площади есть фонтаны?
6. В этом городе есть итальянские рестораны?

7. В этой фирме есть профессиональные юристы?
8. В этом оркестре есть иностранные музыканты?
9. В балетной труппе есть балерины из Москвы?
10. В этом старом фильме есть песни военных лет?
11. Завтра у них будет соревнование?
12. Летом у студентов медицинского факультета будет практика в этой больнице?
13. У нее были занятия по биологии?
14. У вас есть аспиранты из Индии?
15. В этой больнице есть интерны из Германии?
16. В этих магазинах продают машины из Европы?
17. В университете на конференции были участники из Южной Кореи?
18. У этих спортсменов есть тренировка во дворце спортазавтра вечером?
19. В библиотеке университета есть иностранная литература?
20. У вас в продаже есть свежие газеты и журналы?

| 러시아어 문법 |

07 소유를 나타내기위해 사용하는 속격

💡 **꼭 기억할 것!**

Чей это портфель?
Это портфель нашего преподавателя.
Чья книга лежит на столе?
На столе лежит книга нашей студентки Анны.

연습문제 37 괄호안에 주어진 단어를 사용하여 물음에 답하시오.

보기 Чья машина стоит около здания университета?
Около здания университета стоит машина нашего преподавателя.

1. Чей компьютер сломался вчера? (наш друг)
2. Чьи журналы стоят на полке? (моя сестра)
3. Чей друг сегодня опоздал на урок? (мой друг)
4. Чья дочь брала книги в нашей библиотеке? (наша сотрудница)
5. Чей ключ они потеряли на улице? (наш друг)
6. Чей телефон оставили на парте в аудитории? (наш студент)
7. Чья сестра была в театре в очень красивом черном платье? (его сестра)

연습문제 38 괄호안에 주어진 단어를 사용하여 물음에 답하시오.

1. Чьи спортсмены часто побеждают на соревнованиях по баскетболу? (студенты, наш университет)
2. Чья школьница заняла первое место на олимпиаде по биологии? (школьница, наша школа)
3. Чьи профессиональные качества высоко оценили коллеги из Франции? (сотрудники, наш научно – исследовательский центр)
4. Чьи фотографии покупают лучшие журналы мира? (этот

известный фотограф)
5. Чья презентация заняла немного времени, но была выполнена профессионально? (коллеги, известная маркетинговая компания)
6. Чьи советы ценятся сотрудниками нотариальной конторы? (этот опытный юрист)
7. Чьи статьи часто печатают в популярных экономических журналах? (талантливый журналист)
8. Чью танцевальную композицию одобрило жюри на конкурсе юных талантов? (молодой танцевальный коллектив)
9. Чьи картины висят в этой галерее? (знаменитые художники)
10. Чьих родственников вы видели на выставке? (моя лучшая подруга)
11. Чьи стихотворения мы читали вчера? (известный русский поэт)
12. Чьи картины висят у вас в кабинете? (известные приморские художники)
13. Чья музыка звучала в этой передаче? (известный российский композитор)

연습문제 39 다음의 문장이 대답이 되도록 질문을 완성하시오.

— В комнате на столе стоят фотографии моей семьи.
— Вчера мы были на концерте популярной певицы из Кореи.
— Нам нравятся старые отечественные фильмы студии «Мосфильм».
— Журналисты фотографировали экспозиции музея современного искусства в Хельсинки.
— На этом факультете студенты изучают литературные произведения писателей и поэтов XX века.

| 러시아어 문법 |

08 수식어의 속격

연습문제 40 보기와 같이 문장을 완성하시오.

보기 На картине изображена столица … (Российской Федерации) – Москва.

- На картине изображена столица Российской Федерации – Москва.

1. В брошюре описана история ____ (средневековая Франция).
2. Инчхон – известный международный аэропорт ____ (Южная Корея).
3. Осло — норвежский город чествования ____ (лауреаты, Нобелевская премия).
4. Балатон – известное озеро ____ (Венгрия).
6. Многие Россияне знают наизусть отрывки из ____ (роман, А.С. Пушкин) «Евгений Онегин»
7. Джеджу – известный остров ____ (Южная Корея).
9. Колизей – великий памятник со времен ____ (история, Римская империя).
10. На этом факультете читают лекции по ____ (история, Дальний Восток, Россия)
11. В экранизации знаменитого романа Стругатских, фильме «Солярис», звучит музыка ____ (великий композитор И.С.Бах)

연습문제 41 다음 물음에 답하시오.

1. Ваш брат был на вставке современного искусства в Хельсинки?
2. Вам нравятся произведения А.П.Чехова?
3. Вы любите русскую кухню?
4. Вы видели станции московского метро?

5. Вы знаете, как проехать в центр города?
6. Они изучают боевые искусства Китая?
7. Вы знаете рецепты традиционных корейских блюд?
8. Ваш друг читал Рубаи А. Хайяма?

09 비교급과 함께 사용하는 속격

꼭 기억할 것!

Я старше своей сестры.
Джисонг ниже своего брата.
Этот новый замок надежнее старого (замка).

연습문제 42 괄호안에 주어진 단어를 알맞게 써넣으시오.

보기 Второй рассказ интереснее (первый рассказ)
Второй рассказ интереснее первого рассказа.

1. Этот спортсмен сильнее _____ (соперник).
2. Хэрим старше _____ (Мина).
3. Золотое кольцо дороже серебряного _____ (кольцо).
4. Вода в горной реке холоднее, _____ (вода) в озере.
5. Весна в Пусане теплее _____ (весна) в Сеуле.
6. Озеро «Байкал» глубже _____ (озеро «Балатон»)
7. Зима в Сибири холоднее _____ (зима) в Корее.
8. Город Сеул больше _____ (город) Каннын.

| 러시아어 문법 |

연습문제 43   보기와 같이 문장을 바꾸시오.

보기   Марина знает русский язык лучше, чем Татьяна.
- Марина знает русский язык лучше Татьяны.

1. Экзамен по анатомии был сложнее, чем экзамен по химии.
2. Мой чемодан тяжелее, чем .
3. Мой друг говорит по-русски лучше, чем я.
4. Я читаю по-русски медленнее, чем ты.
5. Это упражнение короче, чем первое упражнение.
6. Билеты в театр дороже, чем билеты в кино.
7. Наша улица красивее, чем соседняя.
8. Сегодняшняя лекция интереснее, чем вчерашняя.

10 날짜를 나타내기 위해 사용하는 속격

꼭 기억할 것!

Какое сегодня число?
Сегодня первое февраля
две тысячи двенадцатого года.

꼭 기억할 것!

Когда он родился?
Он родился двадцатого января тысяча девять
сот сорок пятого года.
Когда это произошло?
Это произошло второго марта тысяча восемьсот
семьдесят второго года.

연습문제 44 괄호안에 주어진 단어를 사용하여 물음에 답하시오.

Летние Олимпийские игры XXI века

1. Когда состоялась церемония открытия XXVII летних Олимпийских игр в Сиднее?(15, сентябрь, 2000 г.)
2. Когда состоялась церемония открытия XXVIII летних Олимпийских игр в Афинах? (13, август, 20014 г.)
3. Когда состоялась церемония открытия XXIX летних Олимпийских игр в Пекине? (8, август, 2008 г.)
4. Когда состоялась церемония открытия XXX летних Олимпийских игр в Лондоне?(27, июль, 2012 г.)

11 방향을 나타내는 전치사 из와 с의 생격, 전치사 y의 생격, до의 생격

꼭 기억할 것!

Мой друг был в Париже. Недавно он вернулся из Парижа. Откуда он вернулся?
Вчера мы были на концерте.
Мы пришли с концерта поздно вечером. Откуда вы пришли поздно вечером?

| 러시아어 문법 |

연습문제 45 이탤릭체로 된 단어를 사용하여 물음에 답하시오.

보기 Студенты были на *экскурсии*. Откуда они пришли?
Студенты пришли с экскурсии.

1. Моя сестра учится в *музыкальной школе*. Откуда она вернулась домой?
2. Наши друзья летом ездили в *путешествие*. Откуда они вернулись?
3. Мой друг был на *семинаре* в университете. Откуда он пришёл?
4. Весь день студенты работали в *больнице*. Откуда они вернулись?
5. Мой брат уехал в командировку в *Москву*. Откуда он приехал?

연습문제 46 이탤릭체로 된 단어를 사용하여 문장을 완성하시오.

보기 Они были в *филармонии* на концерте классической музыки.
Они уже вернулись из филармонии с балета.

1. Они были в *центре города* на празднике. Они уже приехали _____
2. Студенты были в *аудитории* на лекции. Они уже ушли _____
3. В январе студенты медицинского факультета каждый день ездили в *больницу* на практику. Они всегда возвращались поздно _____
4. Моя сестра всегда рано утром уезжала на работу в *офис*. Обычно она возвращалась_____ в пять часов вечера.
5. Друзья пригласили нас на ужин в *ресторан*. Мы вернулись поздно _____

연습문제 47 괄호안에 주어진 단어를 사용하여 물음에 답하시오.

1. Откуда приехали спортсмены на международные соревнования? (Россия, Великобритания, Франция, Германия, Греция, Испания, Бразилия)
2. Откуда прибыли делегаты международного конгресса? (Берлин, Осло, Вена, Прага, Париж, Москва, Афины, Стокгольм)
3. Откуда вы получили приглашения на обучение? (Варшава, Будапешт, Сидней)

💡 꼭 기억할 것!

Где жил раньше ваш друг? Откудаонполучаетписьма?

연습문제 48 이탤릭체로 된 단어를 사용하여 문장을 완성하시오.

보기 Письмо лежало *в книге.*
Я взял письмо *из книги.*

1. Эта интересная статистические данные были опубликованы *в научном журнале.* Я взял статистические данные для доклада из _____
2. Работы известных Приморских художников представлены *в картинной галерее.* В наш музей привезли две работы _____
3. Папка с документами лежала *в машине.* Мой друг принес папку с документами _____
4. Горький шоколад с орехами всегда продавался *в кондитерском магазине на углу.* Мы принесли шоколад друзьям в подарок _____
5. *Во французской булочной* уже рано утром всегда была свежая выпечка. Моя сестра принесла на завтрак ароматную выпечку и кофе _____

| 러시아어 문법 |

연습문제 49 오른쪽에 주어진 단어를 사용하여 문장을 완성하시오.

보기 Я положил ключи в сумку.
Ключи лежат в сумке.
Я достал ключи из сумки.

1. Я кладу письма _____ (конверты)
   Письма лежат в_____
   Я достаю письма _____ .
2. Я всегда кладу ключи (шкатулка)
   Ключи обычно лежат _____
   Я взяла ключи_____ .
3. В прошлом году мы повесили картину _____ (стена)
   Картина уже год висит _____
   Вчера мы сняли картину _____, чтобы подарить ее другу.
4. Я поставил ноутбук _____ (стол)
   Ноутбук обычно стоит _____
   Мой брат вчера взял ноутбук _____ .

꼭 기억할 것!

Откуда вы получили письмо вчера?
Вчера я получил письмо из Парижа от старшего брата.

От кого вы узнали эту новость?
Я узнал эту новость от своего друга.

У кого вы были вчера?
Вчера я был у одного своего товарища.

연습문제 50 다음 물음에 답하시오.

1. Откуда вы получили письмо?
2. Откуда вы получили подарок?
3. Откуда вы получили открытку?
4. Откуда вы получили поздравление?

От кого вы получили посылку?
От кого вы узнали об этой экспедиции?
От кого вы получили эту информацию?
От кого вы услышали этот вопрос?
От кого вы не получили рецензию?

У кого вы были вылетом на каникулах?
У кого вы спросили об этом?
У кого вы были утром в больнице?
У кого был ваш брат днем?
У кого вы были в Пусане?

연습문제 51 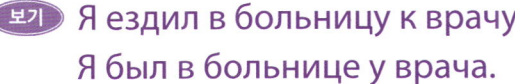 동사 ходить와 ездить를 быть로 바꾸시오.

보기 Я ездил в больницу к врачу
Я был в больнице у врача.

1. На каникулах я ездил к родителям в деревню.
2. В субботу я ездила к друзьям в университет.
3. В воскресенье я ездила в Сеул к своим родителям.
4. Зимой я ездила в Финляндию к своим родственникам.
5. Прошлым летом мы ездили в Пусан к одноклассникам.

| 러시아어 문법 |

연습문제 52 다음 물음에 답하시오.

1. Сколько летит самолет от Владивостока до Москвы?
2. Сколько часов едет поезд от Москвы до Санкт – Петербурга?
3. Сколько времени обычно вы едете из университета до дома?
4. Сколько дней идет поезд от Москвы до Владивостока?

연습문제 53 오른쪽에 주어진 단어를 알맞게 써넣으시오.

보기 Летом мы поедем в путешествие… (июнь, август)
Летом мы поедем в путешествиес июня до августа.

1. Летние каникулы в университете продолжаются _____ (июнь, сентябрь)
2. Зимние каникулы в университете продолжаются _____ (декабрь, март)
3. Пляжный сезон в Корее продолжается с _____ (июль, август)
4. Практика для студентов третьего курса продолжается с _____ (октябрь - декабрь)
5. Фестиваль продолжается с _____ (апрель по май)

연습문제 54 이탤릭체로 된 구를 반의어로 다시 문장을 작성하시오.

보기 Телефон зазвонил во время лекции.
Телефон зазвонил до лекции.
Телефон зазвонил после лекции.

1. Мы занимаемся в библиотеке во время семинаров.
2. Мы слушаем новости во время завтрака.
3. Обычно я слушаю музыку во время пробежки.

4. Мы пишем эссе во время экзамена .

5. Эти лекарства необходимо принимать во время еды.

6. Обычно я не пью воду во время обеда.

연습문제 55 주제 "나는 하루를 어떻게 보내는가"의 짧은 작문이 완성되도록 물음에 답하시오.

1. Обычно я встаю в семь часов утра.
2. Сначала я делаю зарядку, потом принимаю душ, чищу зубы и одеваюсь.
3. В семь часов тридцать минут я завтракаю.
4. Во время завтрака я читаю газеты и слушаю новости.
5. Занятия в университете начинаются в девять часов, поэтому я выхожу из дома в восемь часов двадцать минут.
6. Наш университет находится на соседней улице, поэтому я иду пешком.
8. Я прихожу в университет за десять минут до начала занятий.
9. Как всегда лекции начинаются в девять часов и заканчиваются в два часа дня.
10. После занятий мы обычно обедаем с друзьями в университетской столовой?
11. После обеда мы занимаемся в библиотеке.
12. Там мы читаем книги, готовим доклады, презентации и делаем домашнее задание?
13. Обычно мы ужинаем с шести до семи часов вечера.
14. В восемь часов мы с друзьями идем в спортивный зал.
15. В зале мы играем в футбол или баскетбол.
16. Ингода по вечерам мы ходим в бассейн.
14. Как всегда я возвращаюсь домой в десять часов вечера.
15. Дома я принимаю душ, пью сок, проверяю почту, пишу письма

друзьям, слушаю музыку смотрю телевизор или читаю журналы.
16. В одиннадцать часов я ложусь спать.

연습문제 56 휴일을 어떻게 보냈었는지를 묘사하는 작문이 완성 되도록 물음에 답하시오.

1. Куда вы ездили в путешествие, в какую страну, в какой город?
2. Почему вы выбрали именно эту страну или город?
3. Какие книги или журналы вы читали о стране перед путешествием?
4. Когда вы ездили в путешествие, в какой сезон, какого числа?
5. Кто сопровождал вас в путешествии?
6. Какой вид транспорта вы выбрали для путешествия?
7. Где вы жили во время путешествия?
8. Где вы побывали во время путешествия?
9. Какая погода была в это время?
10. Вы были в музеях, на каких выставках вы побывали во время путешествия?
11. В каких ресторанах вы побывали?
12. Вам понравилась местная кухня?
13. У вас теперь есть любимые блюда местной кухни?
14. Какие фотографии вы сделали во время путешествия?
15. Сколько раз вы были в кино?
16. Какие фильмы вы посмотрели в это время?
17. Как вы отдохнули во время каникул?

연습문제 57 주제 "나의 대학교"의 짧은 작문이 완성되도록 물음에 답하시오.

1. В какой стране, находится ваш университет?
2. В каком городе находится ваш университет?
3. Этот город большой или маленький?
4. Этот город находится на севере или на юге страны?
5. Расскажите о кампусе вашего университета.
6. Какие факультеты есть в университете?
7. В каких зданиях находятся факультеты?
8. В университете есть библиотека?
9. Какие книги есть в вашей библиотеке и когда вы занимаетесь там?
10. В кампусе есть стадион и спортивный центр?
11. Какие спортивные мероприятия проводят студенты на университетском стадионе?
12. В стадионе есть тренажерный зал?
13. Расскажите, пожалуйста, какие студенческие ресораныши кафе есть в кампусе университета?
14. Есть ли в университете оранжерея?
15. Какие цветы и деревья растут в кампусе?
16. Расскажите о монументах и скульптурных композициях в университете?
17. Вы родились и жили в том же городе, в котором находится университет?
18. Из какого города вы приехали на учебу в университет?
19. Сколько лет вы учитесь в университете?
20. На каком факультете вы учитесь?
21. Какие предметы вы изучаете?
22. Какие предметы вам интереснее изучать?

УРОК 6   조격

01 _조격의 단수명사

02 _조격과의 결합

03 _단수조격의 형용사와 소유대명사

04 _조격의 인칭대명사

05 _조격의 복수명사, 형용사, 소유대명사

06 _ 명사서술로 사용되는 조격

07 _ 동사 интересоваться, заниматься, рядом 과 함께 장소를 나타내는 조격

08 _ 동작을 나타내는 조격

09 _ 수동태에서의 조격

10 _ 적절한 의미로 사용되는 조격

11 _ 다른 의미로 사용되는 조격

| 러시아어 문법 |

01 조격의 단수명사

02 조격과의 결합

💡 꼭 기억할 것!

Вчера я был на выставке с Андреем и со Светланой.

연습문제 01 다음 물음에 긍정형으로 답하시오.

1. Вчера вечером в Москве шёл дождь со снегом?
2. Летом Хэрим любит пить кофе со льдом.
3. В Великобритании часто пьют чай с молоком.
4. Я был на лекции по иностранной литературе с другом?
5. Вчера вечером Мина целый час разговаривала по телефону с подругой.

연습문제 02 다음 물음에 긍정형으로 답하시오.

1. Вы смотрели этот фильм вместе с Мариной?
2. Вы ездили в путешествие со своей семьёй?
3. Вы ездили в Сеул со своей подругой?
4. Вы купили диск вместе с книгой?
5. Вы домашнее задание вместе с сочинением.
6. Андрей ходил в магазин с сыном?
7. Вы разговаривали с директором по телефону?

연습문제 03   괄호안의 단어를 활용하여 문장을 완성하시오.

보기 Анна была на вечере … (брат).
Анна была на вечере с братом.

1. В понедельник я был на лекции _____ (приятель).
2. Вчера я играл в футбол _____ (Андрей, Иван и Михаил).
3. Я был на выставке _____ (семья).
4. Мы ездили отдыхать _____ (Артём).
5. Она уехала из Сеула _____ (друг).
6. Летом она была в больнице на практике _____ (подруга).
7. Мы долго разговаривали о сыне _____ (учитель).
8. Александр каждую субботу играет в гольф _____ (преподаватель).
9. Он стал походить на отца _____ (возраст).
10. Дети любят играть _____ (воспитатель).
11. Она не любит кофе с _____ (корица).
12. Друзья помогли Андрею (радость).

연습문제 04   괄호안의 단어를 활용하여 문장을 완성하시오.

1. Они часто встречаются в университете _____ (Светлана).
2. В Картинной галерее они познакомились с _____ (художник).
3. В аудитории Максим поздоровался _____ (друг).
4. Студенты попрощались _____ (преподаватель) и отправились домой.
5. Сотрудники нашей компании часто советуются _____ (директор).
6. Я познакомился _____ (Борис) в Москве.

| 러시아어 문법 |

연습문제 05 괄호안의 단어를 활용하여 문장을 완성하시오.

(преподаватель оркестр, журналист? коллега, научный руководитель, аспирант, друг)

1. Аспирант часто советовался с _____
2. Это был концерт фортепиано _____
3. Утром они два часа играли в теннис _____
4. В центре города они встретились _____
5. В России интерны подружились _____
6. В общежитии мы жили вместе _____
7. В поезде мы познакомились _____

꼭 기억할 것!

С кем вы играли в баскетбол в спортзале?
Я играл в баскетбол с другом.

연습문제 06 보기와 같이 괄호안의 단어를 활용하여 물음에 답하시오.

보기 С кем ты попрощался? (сестра)
Я попрощался с сестрой.

1. С кем вы занимаетесь русским языком? (преподаватель)
2. С кем ты дружишь? (одна студентка)
3. С кем они ходят в бассейн? (тренер)
4. С кем они делают лабораторную работу? (преподаватель химии)
5. С кем вы разговаривали в университете? (ректор)
6. С кем вы ездили отдыхать в воскресенье? (семья)
7. С кем вы ехали в машине утром? (приятель)

연습문제 07 보기와 같이 물음에 답하시오.

보기 Вы знаете, с кем вместе она делала домашнее задание?
- Да, я знаю, с кем она делала домашнее задание.
- Она делала домашнее задание со своей лучшей подругой.

1. Вы знаете, с кем она готовила вчера ужин?
2. Вы знаете, с кем они занимаются китайским языком?
3. Вы знаете, с кем он договаривается о встрече?
4. Вы знаете, с кем они танцуют вальс на конкурсе бальных танцев?
5. Вы знаете, с кем вы будете играть в теннис на следующей неделе?
6. Вы знаете, с кем я был в кинотеатре?
7. Вы знаете, с кем мы были в путешествии?

연습문제 08 제시된 대답에 대한 물음을 완성하시오.

- Мы ехали на метро вместе с профессором химии.
- Мы слушали музыку вместе с нашим другом.
- В России я познакомился со студентом из Австралии.
- Каждую субботу я играю в бадминтон с подругой.
- В Москве Хэрим часто ходила на балет с Мирой.
- Обычно он пьет кофе с сахаром без молока.
- Она всегда ходит на совещания вместе с секретарём.
- Мы познакомились с этим менеджером на семинаре в Сеуле.
- Мы ходили вместе с фотографом на его выставку.
- Обычно они изучают английский язык с репетитором.
- Свадебный вечер закончился морской прогулкой с фейерверком.

| 러시아어 문법 |

연습문제 09 오른쪽에 제시된 단어를 활용하여 문장을 완성하시오.

Я помню в детстве на зимние каникулы в деревню приезжал из города мой лучший _____. Каждую зиму мы часто играли в хоккей, катались на лыжах, на санках и на коньках с _____. Когда заканчивались зимние каникулы, я каждую неделю писал письма _____. Я часто рассказывал родителям о _____. Каждую зиму я с нетерпением ждал ____ в гости.	друг
Я помню в ту неделю каждое утро она просыпалась с хорошим _____. В октябре начиналась золотая осень. Багровые и желтые листья горели на солнце, поднимая _____. Этим прекра-сным _____ она делилась с друзьями. Мы прекрасно проводили время на выходных: бродили по осенним паркам, катались на велосипедах по горным дорогам и с хорошим _____ возвращались домой.	улыбка, настроение

03 단수조격의 형용사와 소유대명사

연습문제 10 다음 물음에 긍정형으로 답하시오.

1. Вы читаете вечером детские книги с ребёнком?
2. Он плавает со своим сыном в бассейне?
3. Вы занимаетесь со студентами японским языком?
4. Вы советовались со специалистом в области биологии?
5. Вы уже смотрели фильм с этим актером в главной роли?
6. Вы пьёте кофе с сахаром?
7. Вы уже посоветовались со стилистом?
8. Мне нужно поработать со словарём на следующей неделе?
9. Вам нужно проконсультироваться с переводчиком?

연습문제 11 다음 물음에 답하시오.

С кем вы хотите посоветоваться?
С кем вы хотите проконсультироваться?
С кем вам нужно поговорить?
С кем вы танцевали на конкурсе?
С кем вы хотите поиграть в гольф?
С кем вы попрощались?
С кем вы часто видитесь?
С кем они обычно ходят в кино?
С кем вы смотрели этот фильм?
С кем вы хотите поехать в больницу?
С кем они гуляли в парке?

| 러시아어 문법 |

💡 꼭 기억할 것!

С каким врачом вы разговаривали вчера?
Вчера я разговаривал с нашим врачом – терапевтом.

연습문제 12 다음 물음에 답하시오.

1. С каким менеджером вы познакомились на семинаре по маркетингу?
2. С каким фотографом договаривается о праздничной фотосессии наш друг?
3. С каким врачом консультируется этот пациент?
4. С каким преподавателем вы начали изучать корейский язык?
5. С каким спортсменом школьники вы познакомились на стадионе?
6. С каким юристом она советовалась на прошлой неделе?
7. С каким водителем они договаривались о встрече?
8. С каким актером они разговаривали в фойе театра.

연습문제 13 다음 물음에 답하시오.

1. С какой ассистенткой будет проводить преподаватель лабораторную работу?
2. С какой медсестрой хирург пойдет на эту сложную операцию?
3. С какой спортсменкой разговаривали зрители после соревнования?
4. С какой подругой она разговаривали по телефону?
5. С какой тетрадью она обычно ходит на занятия?
6. С какой собакой она каждое утро гуляет в парке?

연습문제 14 괄호안의 단어를 활용하여 문장을 완성하시오.

1. Он готовился к школьной олимпиаде по математике_____ (наша учительница).
2. В театре он поговорил _____ (известная актриса).
3. Она часто играет в теннис _____ (подруга).
4. Они случайно встретились _____ (университетская подруга).
5. Он сдал в библиотеку научные журналы вместе _____ (книга по химии).
6. Мы ездили в библиотеку _____ (наш лучший друг).
7. Он редко ссорится _____ (младшая сестра).

연습문제 15 주어진 대답에 알맞은 질문을 만드시오.

1. Он часто перед обедом пил воду с лимоном.
2. Мы были на стадионе с нашим другом.
3. Он долго разговаривал по телефону со своим помощником.
4. В этот вечер я встретился в кинотеатре с нашей новой студенткой.
5. Она часто ходит на концерты классической музыки со своей подругой.
6. Вечером он долго гуляет со своей собакой в парке.
7. Он вошел в зал со своей спортивной сумкой.
8. Мы брали книги в библиотеке с подругой.
9. Обычно мы плавали в бассейне с братом.

연습문제 16 오른쪽의 단어를 활용하여 문장을 완성하시오.

(старший сын)

- Я ездил в путешествие в Финляндию_____
- Я много рассказывал _____ _____ об этой красивой стране.

| 러시아어 문법 |

- Мы ____ ____ остановились в отеле в центре Хельсинки.
- Днем я привел ____ ____ в музей современного искусства.
- Мы часто ходили в музеи и театры ____ ____.
- Рано утром ____ ____ предложил поехать на экскурсию.

04 조격의 인칭대명사

연습문제 17 대명사에 유의하여 물음에 답하시오.

1. Они поедут со мной на балет?
2. Они давно работают с ним?
3. Он пойдёт с нами в библиотеку?
4. Он уже знаком с ней?
5. Вы были с ними на концерте?
6. Кто был с вами на стадионе?

연습문제 18 보기와 같이 적절한 대명사를 사용하여 문장을 완성하시오.

보기 Это мой друг. Вы знакомы _____?
Это мой друг. Вы знакомы с ним?

1. Это наш тренер? Вы часто занимаетесь _____?
2. Это наш новый преподаватель? Они занимаются химией с ним? _____?
3. Они часто играют с ней в гольф?
4. Вы часто ходите с ним в кинотеатр?
5. Вы всегда занимаетесь русским языком с ним?
6. Вы часто разговариваете о работе с ними?
7. Это наши собаки. Вы часто гуляете в парке с _____

8. Это моя подруга. Вы часто делаете домашнюю работу с ней?
9. Наш друг уезжает в Москву на летние каникулы. Мы тоже хотим поехать _____
10. Сегодня Андрей идёт на вечер в университет. Хэрим и Мина тоже хотят пойти _____

연습문제 19 괄호안에 있는 단어를 활용하여 문장을 완성하시오.

보기 Я ездил в командировку _____ (он) на прошлой неделе.
Я ездил в командировку с ним на прошлой неделе.

1. Я учусь _____ (она) в одном университете.
2. Мой младший брат никогда не ссорится с _____ (я).
3. Почему Марина не пошла в кино _____ (мы)?
4. Мы часто играем в теннис с _____ (они)
5. Вчера мы долго разговаривали с _____ (она) по телефону.
6. Мы познакомились _____ (они) в университете в России.
7. Сколько лет мы уже знакомы с _____ (ты)?
8. Вы помните, когда мы впервые встретились с _____ (он)?
9. Этот менеджер хочет посоветоваться с _____ (вы)
10. Мы изучали с _____ (она) русский язык в Москве.
11. Мы уже давно не ходили с _____ (они) в театр.
12. В школе он пел вместе с _____ (я) в хоре.
13. Мы часто делаем домашнее задание вместе с _____ (он).

| 러시아어 문법 |

연습문제 20 보기와 같이 물음에 답하시오.

보기 Что с тобой случилось?
Почему ты не был на уроке?
- Я заболел.

1. Что с тобой случилось? Почему ты такой грустный?
2. Что с ней случилось на прошлой неделе? Почему она не была на лекциях?
3. Что с ним случилось утром? Почему он опоздал?
4. Что случилось с вами? Почему вы не подготовили презентацию?
5. Что случилось с ними? Почему они не пошли в кинотеатр и вернулись обратно?
6. Что с нами случилось? Почему мы так часто ссоримся?
7. Что с ней случилось? Почему она сейчас в больнице?
8. Что с вами случилось? Почему вы не были на экскурсии вчера.
7. Почему не работает компьютер? Что с ним случилось?
8. Почему не работает факс? Что с ним случилось?
9. Что с тобой случилось? У тебя болит голова? Почему сегодня плохое настроение?

05 조격의 복수명사, 형용사, 소유대명사

🟡 *꼭 기억할 것!*

С кем разговаривает диспетчер?
Диспетчер разговаривает с пилотами.
С кем вы ходили на концерт?
Я ходил на концерт с друзьями.

연습문제 21 괄호안의 단어를 활용하여 물음에 답하시오.

• С кем вы были на конференции? (ученые химики)
• С кем встречались на семинаре Москве? (руководители филиалов)
• С кем они ездили отдыхать на море летом? (семьи)
• С кем вы работаете в этой фирме? (коллеги из Москвы)
• С кем вы посоветовались? (юристы)
• С кем Мина играла в сквош вечером? (друзья из университета)
• С кем они вели переговоры в понедельник? (руководители институтов)
• С кем вы будете ужинать в пятницу вечером? (журналисты)
• С кем вы заключили договор о поставке этой продукции? (зарубежные компании)
• С кем вы уже подписали контракт на издательство этой книги? (главные редакторы)
• С кем вы предпочитаете работать в этом регионе? (консалтинговые фирмы)
• С кем эти спортсмены будут соревноваться в четверг? (команды из Новосибирска)

| 러시아어 문법 |

연습문제 22 괄호안의 단어를 활용하여 물음에 답하시오.

1. С кем вы часто проводите время? (наши талантливые студенты)
2. С кем вы разговаривали в холле? (наши сотрудники)
3. С кем вы поделились этой радостной новостью? (младшие сестры)
4. С кем ездил в экспедиции ваш брат? (его коллеги и друзья)
5. С кем она часто занимается английским языком? (её ученики)
6. С кем Александр гуляет в парке? (его собаки)
7. С кем вы отдыхаете на море каждое лето? (наши лучшие друзья)

연습문제 23 복수대명사를 사용하여 문장을 고치시오.

1. Они была на премьере спектакля со соей подругой.
2. В России корейские студенты познакомились со студентом из Санкт-Петербурга.
3. Они вели переговоры с зарубежным партнером.
4. На зимних каникулах она ездила на горнолыжный курорт с братом.
5. В офисе она советовалась с коллегой.
6. Интерн готовил статью с научным руководителем..

연습문제 24 단수대명사를 사용하여 문장을 고치시오.

1. Она поздоровалась со своими коллегами.
2. Он попрощался со своими друзьями.
3. Тренер был на соревнованиях со своими лучшими спортсменами.
4. Зимой я был на соревнованиях со своими друзьями.
5. Летом я встретился со своими одноклассниками.

6. На следующей неделе мы будем проходить практику с нашими студентами в больнице.
7. Я уже знакома с вашими коллегами.
8. Мы уже разговаривали с их друзьями.
9. Они выступали на совещании со своими предложениями.
10. Комиссия согласилась с этими замечаниями.

연습문제 25 조격의 명사, 대명사, 형용사를 사용하여 문장을 완성하시오.

1. Зимой мы каждую субботу катались на лыжах с _____ .
2. Весной они часто гуляли в парке с _____.
3. Они готовили новый проект с _____.
4. Они решали сложную производственную проблему с _____ .
5. Они уехали в командировку с _____.
6. На вечере он танцевал с _____.
7. Во время сессии мы занимались вместе с_____.

연습문제 26 괄호안의 단어를 활용하여 문장을 완성하시오.

1. Они писали доклад по экономике с _____ (наши студенты)
2. Аспиранты готовили презентации со _____ (свои преподаватели)
3. Они приехали на симпозиум со _____ (свои талантливые аспиранты)
4. Они готовили репортажи со _____ (свои талантливые журналисты)
5. Мы готовили интервью с _____ (наши соотечественники)
6. В журнале на прошлой неделе опубликовали статью с _____ (наши фотографии)
7. Мы отправили открытки друзьям с _____ (поздравления)

8. Она подготовила письмо в комиссию с _____ (замечания и предложения)
9. Он подарил ей диск с _____ (классическая музыка)
10. На следующей неделе в городе будет цирковое представление с _____ (дрессированные животные)
11. В театре пройдет встреча с _____ (молодые актеры)
12. Участники фестиваля приедут из разных стран с _____ (танцевальные коллективы)
13. Директор вернул проект менеджерам с _____ (дополнения и вопросы)
14. Декан факультета выступил с _____ (поздравление для первокурсников)

06 명사서술로 사용되는 조격

꼭 기억할 것!

Мой брат был журналистом.
Моя сестра была студенткой.
Мой брат — журналист.
Моя сестра — студентка.
Мой брат будет журналистом.
Мой сестра будет студенткой.

연습문제 27 보기와 같이 과거형 미래형으로 완성하시오.

보기 Моя мама—юрист.
Моя старшая сестра была юристом.
Я буду юристом.

1. Андрей — журналист. 2. Светлана — студентка. 3. Её брат — менеджер. 4. Никита — маркетолог. 5. Татьяна - музыкант. 6. Дарья — писатель. 7. Александр — экскурсовод. 8. Артем — преподаватель. 0. Владимир — офицер. 10. Ксения - художник. 11. Наталья — переводчик. 12. Руслан – архитектор.

1. Мой отец — нейрохирург. 2. Моя мама — медсестра. 3. Его брат — хирург. 4. Её племянник — гастроэнтеролог. 5. Она - окулист. 6. Этот профессор — педиатр. 7. Наш друг — пульмонолог. 8. Мой коллега — травматолог. 9. Его племянница — аллерголог. 10. Её сестра — лор. 11. Ее брат - пульмонолог. 12. Друг его семьи — кардиолог.

1. Он — официант. 2. Его друг — водитель. 3. Эта девушка — продавец. 4. Его знакомый — таксист. 5. Его дочь - повар.

연습문제 28 보기와 같이 과거형문장을 현재형으로 고치시오.

보기 Мой друг был юристом.
Мой друг—юрист.

1. Она была опытным адвокатом.
2. Ее сестра была талантливой актрисой.
3. Мой брат был лучшим студентом в группе.
4. Они были археологами.

| 러시아어 문법 |

5. Андрей будет биологом.
6. Мой друг был очень хорошим фотографом.
7. Он был знаменитым ученым - химиком.
8. Наша подруга была известным психологом.

연습문제 29 괄호안의 단어를 활용하여 문장을 완성하시오.

보기 Раньше она была студенткой, а теперь она стала _____ (специалист). Раньше она была студенткой, а теперь она стала опытным специалистом.

1. Раньше он был бизнесменом, а теперь он стал _____ (преподаватель).
2. Сначала она была консультантом, а теперь стала _____ (начальник отдела).
3. Два года назад он был интерном, а теперь стал _____ (врач).
4. Пять лет назад моя подруга была студенткой, а сейчас она стала _____ (модельером).
5. Двадцать лет назад он был ассистентом, а теперь он стал _____ (профессор).
6. Она была менеджером, а теперь она стала _____ (директор) фирмы.

연습문제 30 괄호안의 단어를 활용하여 문장을 완성하시오.

1. Айвазовский был _____ (известный художник - маринист).
2. А.С.Пушкин был _____ (великий русский поэт).
3. Екатерина II была великой _____ (императрица) России.
4. П.И.Чайковский был _____ (великий русский композитор).

5. Павлова была _____ (известная русская балерина).
6. Пётр I был _____ (великий царь) России.

연습문제 31 보기와 같이 동사 являться를 사용하여 문장을 완성하시오.

보기 Летом я отдыхал в России.
Столицей России является Москва.
Россияне очень гордятся _____ (столица).
Летом я отдыхал в России.
Столица России - Москва.
Россияне очень гордятся столицей.

1. Я был в командировке во Франции. Париж является столицей Франции. Французы очень гордятся _____ (Париж).	Франция
2. Мы были на стажировке в Соединенных Штатах Америки. Вашингтон является столицей Соединенных Штатов Америки. Американцы очень гордятся _____ (своя страна).	Соединенные Штаты Америки

3. Олимпийские игры были Великобритании. Столицей Великобритании является Лондон. Англичане очень гордятся ___ (Лондон).	Великобритания
4. Мы были в гостях у друга в Швеции. Столицей Швеции является Стокгольм. Шведы очень гордятся ___ (этот город)	Швеция
5. Они были в музее современного искусства в Финляндии. Столицей Финляндии является Хельсинки. Финны гордятся ___ (этот музей).	Финляндия
6. Я учился в аспирантуре в Канаде четыре года. Столицей Канады является Оттава. Канадцы очень гордятся ___ (этот город).	Канада

7. В прошлом году я отдыхал в Греции. Столицей Греции являются Афины. Греки очень гордятся _____ (Афины).	Греция
8. Я изучал корейский язык в Южной Корее. Столицей Южной Кореи является Сеул. Корейцы гордятся _____ (Сеул).	Южная Корея

연습문제 32 괄호안의 단어를 활용하여 물음에 답하시오.

보기 Кем она будет работать? (бухгалтер)
- Она будет работать бухгалтером.

1. Кем будет работать этот студент? (следователь)
2. Кем будет работать ваша сестра? (адвокатом)
3. Кем будет работать ваш друг? (фермер)
4. Кем будет работать этот интерн? (кардиолог)
5. Кем будет работать их знакомый? (архитектор)
6. Кем будет работать Харим? (переводчица)

| 러시아어 문법 |

07 동사 интересоваться, заниматься, рядом과 함께 장소를 나타내는 조격

연습문제 33 보기와 같이 주어진 답에 대한 알맞은 질문을 완성하시오.

보기 Мой друг занимается боксом.
- Чем занимается ваш друг?

1. Два раза в неделю мы занимаемся плаванием.
2. Она каждый день занимается английским языком.
3. Она занималась фехтованием три года.
4. Он увлекается бальными танцами.
5. Она увлекается живописью.
6. Они увлекаются восточной культурой.
7. Я увлекаюсь испанскими танцами.
8. Они интересуются физикой.
9. Эти аспиранты интересуются историей России.
10. Он интересуется архитектурой.
11. Он всегда интересовался информационными технологиями.
12. Он давно интересуется психологией.

연습문제 34 괄호안의 단어를 활용하여 물음에 답하시오.

1. Чем вы занимаетесь? (бальные танцы)
2. Чем увлекается этот коллекционер? (живопись)
3. Чем интересуется этот студент? (информатика)
4. Чем интересуется ваша старшая сестра? (юриспруденция)
5. Чем увлекается этот преподаватель? (история)
6. Чем интересуются эти покупатели? (цены)

연습문제 35 괄호안에 주어진 단어를 활용하여 문장을 완성하시오.

1. Этот врач уже много лет работает _____ (кардиолог).
2. Эта сотрудница начала работать _____ (архитектор) еще пятнадцать лет назад.
3. Наш друг мечтал быть _____ (художник) с детства.
4. Уже много лет они интересуются _____ (история).
5. Этот шеф-повар увлекся _____ (кулинария) еще в студенчестве.
6. Сейчас она интересуется _____ (иностранная литература).
7. Этот спортсмен начал увлекаться _____ (футбол) с ранних лет.
8. Эти олимпийская чемпионка начала заниматься _____ (гимнастика) с четырех лет.
9. Этот известный композитор начал увлекаться музыкой с детства.

연습문제 36 다음 문장을 완성하시오.

1. Мой друг _____ архитектором в проектном институте.
2. Она _____ юриспруденцией со школы, поэтому она стала адвокатом.
3. Он очень _____ итальянским языком, поэтому стал переводчиком.
4. Он _____ на большом заводе технологом.
5. Он всегда _____ медициной, поэтому стал врачом.
6. Она _____ рисованием и живописью с ранних лет, поэтому стала архитектором - дизайнером.
7. Он _____ литературой с четырнадцати лет и твердо решил стать писателем.

| 러시아어 문법 |

08 동작을 나타내는 조격

연습문제 37 주어진 답에 대한 알맞은 질문을 완성하시오.

A) НАД

1. Стая журавлей пролетала над живописным озером.
2. Черные грозовые тучи сгустились над городом.
3. Утром над рекой стоял густой туман.
4. Над лесом уже час кружил вертолет в поисках пропавшей экспедиции.
5. Самолет уже летел над облаками, поэтому в иллюминаторы ярко светило солнце.

B) ПОД

1. Этот начинающий аквалангист не мог долго находиться под водой.
2. Мы выбрали короткий путь в центр и пересекли город под землей на метро.
3. На этих шахтах рабочие по несколько часов проводят под землей.

C) ЗА

1. За крутым перевалом нас ждет первая остановка.
2. Сразу за деревней начинается сосновый бор.
3. Прямо за зданием банка находится театр.
4. За этим поворотом вы увидите здание военного госпиталя.

D) ПЕРЕД

1. Мотоциклист остановился перед пешеходным переходом.
2. Перед главным входом в здание разбит чудесный сквер.
3. Машина стоит перед воротами в сад.
4. Он свернул за угол и оказался прямо перед входом в общежитие.
5. Памятник А.С.Пушкину стоит прямо перед театром.

연습문제 38 보기와 같이 반의어를 사용하여 문장을 완성하시오.

보기 Остановите, пожалуйста, машину перед перекрестком..
Остановите, пожалуйста, машину за перекрестком.

1. На лекциях Андрей всегда сидел за мной.
2. Автобус остановился перед станцией метро.
3. Большой многолетний дуб рос прямо за нашим домом.
4. Мотоцикл остановился перед автобусом.
5. Такси остановилось перед площадью.
6. Курьер ждал за дверью.

연습문제 39 전치사 над, под, за, перед와 괄호안의 단어를 사용하여 문장을 완성하시오.

1. Проектор _____ (стол).
2. _____ зеркалом висит лампа.
3. Наша фотография лежала _____ (этот документ).
4. Кошка спит _____ (стулом).
5. _____ сквером стоит памятник А.С.Пушкину.
6. _____ (университет) находится остановка автобуса.
7. Птицы летают _____ (крыша) наше го дома.

| 러시아어 문법 |

09 수동태에서의 조격

연습문제 40 주어진 대답에 대한 적절한 물음을 완성하시오.

보기 Этот спектакль поставлен известным московским режиссером.
Кем поставлен этот спектакль?

1. Этот фотография было сделана известным американским фотографом.
2. Это музыкальное произведение было создано великим русским композитором.
3. Эта книга была написана русским историком.
4. Эти сонеты У.Шекспира были переведены на русский язык С.Я.Маршаком.
5. Этот проект был подготовлен талантливым архитектором.

연습문제 41 괄호안의 단어를 활용하여 물음에 답하시오.

1. Кем была написана эта статья? (журналист)
2. Кем заполнена эта анкета? (студент)
3. Кем написано это сочинение? (этот школьник)
4. Кем проверены эти контракты? (юрист)
5. Кем прислана посылка? (родители)
6. Кем была одобрена эта книга? (критики).
7. Кем был поддержан этот проект? (экономисты)

10 적절한 의미로 사용되는 조격

💡 꼭 기억할 것!

Чем вы открываете дверь?
Я открываю дверь ключом.

연습문제 42 괄호안의 단어를 활용하여 물음에 답하시오.

1. Чем вы умеете управлять? (мотоцикл, машина и яхта)
2. Чем он учиться рисовать? (масленые краски)
3. Чем она любит вышивать? (шелковые нитки)
4. Чем едят в Корее? (палочки)
5. Чем вы колите дрова в деревне? (топор).
6. Чем вы освещаете комнату? (фонарик)
7. Чем специалист рекомендовал чистить кашемировое пальто? (щетка)
8. Чем врач измерил температуру у пациента? (термометр)
9. Чем они отрезали ткань? (ножницы)
10. Чем можно забить гвоздь? (молоток).
11. Чем можно вытереть руки? (салфетка)
12. Чем нужно заправить этот салат? (оливковое масло)
13. Чем можно заполнять эту анкету? (черный карандаш)
14. Чем можно открыть этот номер? (электронныйключ)

| 러시아어 문법 |

11 다른 의미로 사용되는 조격

연습문제 43 보기와 같이 주어진 대답에 대한 적절한 물음을 완성하시오.

보기 Друзья встретили нас с радостью.
Как встретили нас друзья?

1. Он с гордостью рассказывает о достижениях его компании.
2. Мы с удивлением узнали об этом событии.
3. Мы с нетерпением ждем встречи с друзьями.
4. Туристы слушают гида с большим вниманием.
5. Этот студент перевел текст с большим трудом.
6. Он изучал этот предмет с большим интересом.
7. Этот студент перевел текст с большим трудом.
8. Они с удовольствием вместе посмотрели эту комедию.
9. Младшая сестра с радостью встретила своего брата.
10. Они с радостью согласились поехать в это интересное путешествие.

연습문제 44 괄호안에 주어진 단어를 활용하여 문장을 완성하시오.

보기 Я люблю пицца _____ (сыр).
Я люблю пиццу с сыром.

1. Я пью кофе _____ (молоко).
2. Мы любим сэндвичи _____ (ветчина).
3. Летом она пьет кофе _____ (лёд).
4. Он обычно берет салат _____ (куриное мясо).
5. Она приготовила пиццу _____ (грибы).
6. Они любят украинский борщ _____ (сметана)

연습문제 45 보기와 같이 주어진 대답에 대한 적절한 물음을 완성하시오.

보기 Она уехала на родину сразу после экзаменов.
Когда она уехала на родину?

1. Он получил письмо перед праздниками.
2. После ужина она позвонила другу.
3. Перед занятиями он всегда ходил в спортивный зал.
4. Обычно мы завтракаем перед утренними лекциями, но сегодня мы не успели позавтракать.
5. Перед его отъездом они встретились в университете.
6. Они обычно много занимаются в библиотеке перед экзаменами.

연습문제 46 보기와 같이 주어진 문장을 변경하시오.

보기 Ахмед пошёл в магазин купить салат и фрукты.
Ахмед пошёл на почту за салатом и фруктами.

1. Сестра пошла на почту отправить открытки и посылку.
2. Я вернулся в аудиторию, чтобы забрать тетради.
3. Я поехал в спортивный магазин, чтобы купить кроссовки.
4. Мы заехали в театр, чтобы купить билеты на вечерний спектакль.
5. Утром мы заехали в аптеку, чтобы купить лекарство.
6. Он зашел в магазин, чтобы купить тетради и ручку.
7. Они пошли в библиотеку, чтобы взять журналы по экономике.

| 러시아어 문법 |

연습문제 47 괄호안의 단어를 활용하여 문장을 완성하시오.

1. Она готовила доклад вместе с _____ (подруга).
2. Он рисует картину _____ (масло).
3. Они смотрели эту передачу с _____ (интерес).
4. Перед зданием больницы была аллея.
5. Юрист вернул договор с _____ (замечания).
6. Абитуриенты стояли _____ (сложный выбор).
7. Он вернулся в общежитие _____ (зонт).
8. Андрей недавно начал увлекаться _____ (историей).
9. Эти контракты уже подписаны _____ (наши новые сотрудники)

УРОК 7 동작동사

01 _동작동사 Идти동사의 현재시제

02 _Ходить동사의 과거시제

03 _Пойти동사의 미래시제

04 _Ехать동사의 현재시제

05 _идти, ехать 활용

06 _Ездить동사의 과거시제

07 _Поехать 동사의 미래시제

08 _동작동사, 동사접두사가 붙지않는 동사
 (현재시제, 과거시제)

09 _현재시제

10 _과거시제

11 _접두사가 붙는 동작동사

12 _접두사 при- 와 у-

13 _접두사 под- (подо-)와 от- (ото-)

14 _접두사 под- (подо-)와 от- (ото-)

15 _접두사 до-

16 _접두사 про-, пере-, за-

| 러시아어 문법 |

01 동작동사 Идти동사의 현재시제

💡 꼭 기억할 것!

Я	ИДУ	МЫ	ИДЁМ
ТЫ	ИДЁШЬ	ВЫ	ИДЁТЕ
ОН (ОНА)	ИДЁТ	ОНИ	ИДУТ

💡 꼭 기억할 것!

	В			НА	
я	иду	в университет	я	иду	на концерт
ты	идёшь	в школу	ты	идёшь	на работу
он, она	идёт	в аудиторию	он, она	идёт	на стадион
мы	идём	в театр	мы	идём	на почту
вы	идёте	в общежитие	вы	идёте	на завод
они	идут	в аптеку	они	идут	на лекцию

> **연습문제 01**   동사 идти를 알맞은 형태로 바꾸어 문장을 완성하시오.

1. – Андрей, куда ты _____?
   – Я _____ на концерт классической музыки.
   – Мы тоже _____ на этот концерт. Давай пойдём вместе.
   – Хорошо. Мира и Санми тоже _____ на этот концерт. Они уже в зале.

2. – Хэрим, куда ты _____?
   – Я _____ в библиотеку. Мне нужно взять новые книги. А вы куда _____?
   – Мы _____ на почту. Надо отправить посылку. Потом мы _____ в банк.

3. – Куда вы _____?
   – Я _____ в спортивный зал. Сегодня я играю в теннис с друзьями.
   – А куда вы _____?
   – Мы _____ на лекцию.

> **연습문제 02**   괄호안에 주어진 단어를 사용해 질문해 답하시오.

> **보기** Куда вы идёте? (вокзал)
> - Мы идём на вокзал.

1. Куда вы идёте? (больница)
2. Куда идёт Андрей с друзьями? (кафе)
3. Куда идут студенты после занятий? (кинотеатр)
4. Куда идёт Хэрим? (лекция)
5. Куда мы идём в воскресенье? (музей)
6. Куда ты идёшь? (класс)
7. Профессор, куда вы идёте? (аудитория)
8. Куда идёт Артём? (университет)

| 러시아어 문법 |

   9. Куда идут школьники? (школа)
  10. Куда идут эти спортсмены? (стадион)
  11. Куда идут все эти люди? (концерт)
  12. Куда идут туристы? (экскурсия)
  13. Куда идут музыканты? (репетиция)
  14. Куда идут врачи? (конференция)

02 Ходить동사의 과거시제

 꼭 기억할 것!

Вчера мы ходили в ресторан с родителями.

연습문제 03 보기를 참고하여 문장을 변경하시오.

보기 Мы идём на каток в городской парк.
     Вчера мы ходили на каток в городской парк.

  1. Мы идём на экскурсию в городской музей.
  2. Мы идём в библиотеку за новыми книгами.
  3. Они идут на стадион.
  4. Андрей идёт на лекции в университет.
  5. Мира идёт с друзьями на концерт.
  6. Хэрим и Мина идут в театр на пьесу Шекспира.
  7. Они идут в магазин и на рынок.
  8. Артём идёт в художественную школу.
  9. Марта идёт в музыкальную школу.
 10. Друзья идут играть в боулинг.

꼭 기억할 것!

Вчера я ходила на выставку.
КУДА ты ходила вчера?
Вчера я была на выставке.
ГДЕ ты была вчера?

연습문제 04 보기를 참고하여 быть를 ходить로 바꾸어 물음에 답하시오.

보기 Где вы были в субботу?
В субботу мы с детьми ходили в цирк на представление.

1. Где вы были на прошлой неделе в пятницу.
2. Где был Андрей в воскресенье?
3. Где была Хэрим утром?
4. Где были студенты вечером?
5. Где вы были в четверг?
6. Где он был днём?
7. Где она была во вторник?
8. Где был этот музыкант?
9. Где были эти артисты?
10. Где были эти школьники?
11. Где были туристы в среду?

| 러시아어 문법 |

연습문제 05 보기를 참고하여 ходить를 быть로 변경하여 문장을 완성하시오.

보기 Вчера мы ходили в музей современного искусства.
Вчера мы были в музее современного искусства.

1. Вчера он ходил в университет.
2. Вчера она ходила на выставку.
3. На прошлой неделе мы ходили в музей.
4. В прошлом году мы часто ходили на стадион.
5. Она ходила на лекции вчера.
6. Она ходила на концерт в четверг.
7. Мы ходили в театр в прошлую субботу.
8. В октябре мы ходили на международный фестиваль.
9. В России мы часто ходили в театры, в музеи и на выставки.

03 Пойти동사의 미래시제

💡 꼭 기억할 것!

**Сейчас я иду на лекцию по финансовому менеджменту.
Завтра я пойду на лекцию по финансовому менеджменту.**

연습문제 06 пойти를 사용하여 문장을 완성하시오.

1. Завтра он _____ в университет.
2. На следующей неделе она _____ на выставку.
3. В воскресенье мы _____ в музей.
4. В субботу мы _____ на стадион.
5. Она _____ на лекции в четверг.
6. Она _____ на концерт в пятницу.

250

7. Мы _____ в театр на следующей неделе.

8. В ноябре мы _____ на международный фестиваль.

9. В России мы _____ в театры, в музеи и на выставки.

연습문제 07 идти, ходить, пойти를 사용하여 문장을 완성하시오.

I.

— Завтра мы _____ в театр на пьесу А.П.Чехова «Три сестры».

— Мы уже _____ на эту постановку в прошлую субботу.

— Мира и Хэрим тоже _____ на премьеру в театр?

— Да, они тоже _____ вместе с друзьями.

— Куда вы _____ сейчас _____?

— Мы _____ в кассу, нужно купить билеты.

— Когда мы учились в России, мы тоже часто _____ в театр.

II.

— На следующей неделе мы _____ в филармонию на концерт классической музыки.

— Андрей тоже _____ на этот концерт.

— Нет, в следующую субботу он _____ на хоккей.

— Вы уже купили билеты на концерт?

— Ещё нет. Мы сейчас _____ покупать билеты.

— Вы хотите _____ с нами на концерт?

— Нет, спасибо. Мы уже _____ на этот концерт. Мы тоже любим живую музыку.

III.

— Где вы _____ в воскресенье?

— Мы _____ в музей на новую экспозицию.

| 러시아어 문법 |

04 Ехать동사의 현재시제

💡 꼭 기억할 것!

Я	ЕДУ	МЫ	ЕДЕМ
ТЫ	ЕДЕШЬ	ВЫ	ЕДЕТЕ
ОН (ОНА)	ЕДЕТ	ОНИ	ЕДУТ

💡 꼭 기억할 것!

		В			НА
я	еду	в Сеул	я	еду	на фабрику
ты	едешь	в центр города	ты	едешь	на репетицию
он, она	едет	в больницу	он, она	едет	на соревнование
мы	едем	в банк	мы	едем	на площадь
вы	едете	в офис	вы	едете	на работу
они	едут	в магазин	они	едут	на семинар

연습문제 08 보기와 같이 답에 맞는 질문을 완성하시오.

보기 Мы идём в кафе.
Куда вы идёте?
Мы едем в Сеул.
Куда вы едете?

1. Я иду на завод.
2. Ты идёшь в музей.
3. Ты едешь в музей.
4. Он едет на вокзал.
5. Она идёт в аптеку.
6. Мы идём в общежитие.
7. Вы едете в библиотеку.
8. Они идут в кино.
9. Спортсмены едут на соревнование.
10. Студенты идут в университет.
11. Зрители идут в зал.
12. Туристы едут на экскурсию в музей.
13. Андрей едет на работу в офис.
14. Марина едет в магазин за покупками.
15. Мария едет на конференцию в Прагу.

연습문제 09 다음 질문에 답하시오.

보기 Вы едете в университет на конференцию? (лекция)
- Нет, мы едем в университет на лекцию.

1. Ваши друзья едут в Сеул? (Пусан)
2. Ты идешь в кафе? (ресторан)
3. Мира едет в магазин? (рынок)

| 러시아어 문법 |

4. Вы идете в аудиторию? (библиотека)

5. Мария едет на каникулы в Иркутск? (Москва)

6. Вы едете на выставку? (банк)

연습문제 10 괄호안에 단어를 활용하여 물음에 답하시오.

1. Куда идет Андрей? (Большой театр)

2. Куда идут корейские студенты? (кинотеатр)

3. Куда едет Хэрим в субботу? (экскурсия)

4. Куда ты идешь? (стадион)

5. Куда едет Мира? (магазин)

6. Куда идут студентки? (аудитория)

7. Куда идут актёры? (театр)

8. Куда едет ваш факультет на три дня? (горнолыжный курорт)

9. Куда едет Михаил? (Москва, университет)

연습문제 11 идти, ехать를 사용하여 문장을 완성하시오.

— Куда вы _____?

— Мы _____ на море отдыхать. Мы _____ в Пусан.

— А куда вы идёте сейчас?

— Мы _____ на вокзал. Надо купить билеты.

— Желаем вам приятного путешествия!

05 ИДТИ, ЕХАТЬ 동사 활용

💡 꼭 기억할 것!

Идти (пешком).
Мы идем в университет пешком.

Ехать как? на чём?	• на автобусе • на троллейбусе • на трамвае • на метро • на такси • на поезде • на машине • на велосипеде

На чём (как?) она ехала в университет?
Она ехала в университет на автобусе.

연습문제 12 다음 문장을 완성하시오.

보기   Хэрим идет в университет пешком, а _____ .
       Хэрим идет в университет пешком, а Мина едет на автобусе.

1. Андрей едет в офис на такси, а _____ .
2. Мина едет на выставку на автобусе, а _____ .
3. Никита едет в музыкальную школу на трамвае, а _____ .
4. Джисонг едет в Сеул на поезде, а _____ .
5. Мы с друзьями едем на рыбалку на велосипедах, а _____ .
6. Марина часто ходит пешком, а _____ .
7. Светлана идёт домой пешком, а _____ .
8. Харим едет в театр на метро, а _____ .
9. Сначала он идёт два квартала пешком, а потом _____ .

| 러시아어 문법 |

06 Ездить동사의 과거시제

연습문제 13 보기와 같이 답에 맞는 질문을 완성하시오.

보기 Вчера Марина ездила в театр.
- Куда ездила Марина вчера?
В театре она смотрела рок - оперу «Юнона и Авось».
- Что она смотрела в театре?

1. Вчера мы были на концерте в филармонии. Мы были на вечере романсов.
2. Неделю назад мы ездили на завод по производству упаковки. Мы изучали особенности процесса производства упаковки.
3. В прошлом году мы ездили на стадион «Джамсиль». Мы смотрели Бейсбольный матч.
4. Прошлым летом мы ездили на море. Мы отдыхали в санатории.
5. Прошлой зимой мы ездили на горнолыжный курорт. Там мы катались на лыжах, на коньках и на сноубордах.

연습문제 14 보기와 같이 문장을 완성하시오.

보기 Я работаю в офисе компании «Самсунг».
Вчера я ездил в офис компании «Самсунг».

1. Моя подруга работает в магазине.
2. Этот хирург работает в центральной больнице.
3. Наши дети иногда гуляют в парке «Ёйдо».
4. Марина сейчас на лекции в университете.
5. Мой друг сейчас на работе.
6. Студентыз анимались в лаборатории.

7. Актёры сейчас на репетиции в театре.

8. Эти спортсмены сейчас на соревнованиях в Европе.

연습문제 15 보기와 같이 문장을 완성하시오.

보기 Андрей, куда ты ездил вчера?

Вчера я ездил в офис компании «Самсунг» на работу.

Вчера я был на работе в офисе компании «Самсунг».

1. Мина, куда ты ездила в воскресенье?
    – _____ (театр, смотреть новый спектакль).
2. Ждисонг, ты знаешь, куда он ездил?
    – _____ (спортзал, играть в волейбол).
3. Куда выездили?
    – _____ (столовая, обедать).
4. Куда ездили спортсмены утром?
    – _____ (стадион, тренироваться).
5. Куда Хэрим ездила вчера вечером?
    – _____ (банк, обменять деньги).

| 러시아어 문법 |

07 Поехать 동사의 미래시제
The Verb поехать. The Future Tense

💡 **꼭 기억할 것!**

Сейчас я еду в университет.

Завтра я поеду в университет.

연습문제 16 다음 문장을 완성하시오.

보기 Джисонг _____ в бассейн завтра утром.
Джисонг поедет в бассейн завтра утром.

1. На каникулах студенты _____ в Китай.
2. Завтра мы _____ на концерт.
3. Летом мы _____ отдыхать на море.
4. На следующей неделе мы _____ в больницу на обследование.
5. В следующем году Андрей _____ В Москву изучать русский язык.
6. На зимних каникулах мы _____ на горнолыжный курорт.
7. На праздники они _____ к родителям, поэтому их не будет в городе.
8. Они _____ в кинотеатр на премьеру нового фильма.
9. Мой брат _____ в Сеул через неделю.
10. Моя подруга в среду _____ в Пусан на экзамен.
11. Мои друзья _____ в путешествие по Европе на десять дней.
12. В субботу мы с друзьями _____ на балет в Большой театр.
13. В субботу мы _____ в Третьяковскую галерею.
14. Хэрим и Мина _____ на набережную завтра утром.

08 동작동사·동사접두사가 붙지않는 동사 (현재시제, 과거시제)

꼭 기억할 것!

- идти – ходить,
- ехать – ездить,
- бежать – бегать,
- лететь – летать,
- плыть – плавать,
- нести – носить,
- везти – возить,
- вести – водить,
- ползти – ползать.

꼭 기억할 것!

Группа I (движение в одном направлении)	Группа II процесс движения (движение в разных направлениях)
идти	ходить
ехать	ездить
бежать	бегать
лететь	летать
плыть	плавать
нести	носить
везти	возить
вести	водить
ползти	ползать

| 러시아어 문법 |

💡 꼭 기억할 것!

ХОДИТЬ				
Я	ХОЖУ	МЫ	ХОДИМ
ТЫ	ХОДИШЬ	ВЫ	ХОДИТЕ
ОН, ОНА	ХОДИТ	ОНИ	ХОДЯТ

💡 꼭 기억할 것!

ЕЗДИТЬ				
Я	ЕЗЖУ	МЫ	ЕЗДИМ
ТЫ	ЕЗДИШЬ	ВЫ	ЕЗДИТЕ
ОН, ОНА	ЕЗДИТ	ОНИ	ЕЗДЯТ

09 현재시제

꼭 기억할 것!

Однократное движение в одном направлении		Движение в двух направлениях	
(сейчас, известно конкретное время выполнения действия)		(обычно, каждый день, каждый год, постоянно, как всегда, всегда, часто и т.д.)	
Сейчас мы едем в офис.	이미지	Обычно я езжу в офис каждый понедельник.	이미지
Ты идёшь очень быстро.	이미지	Марина всегда ходит быстро.	이미지
Самолёт летит в Париж.	이미지	Этот экипаж часто летает в Европу.	이미지
Постарайся не вести машину быстро, дорога скользкая.	이미지	Обычно она аккуратно водит машину.	이미지
Она везёт нам подарки из России.	이미지	Он круглый год возит товары на продажу.	이미지
Виктория несёт красивый букет.	이미지	Обычно она носит ребёнка на руках.	이미지

| 러시아어 문법 |

연습문제 17 идти-ходить 또는 ехать-ездить를 사용하여 문장을 완성하시오.

1. Обычно я _____ в университет пешком.
2. Мы с друзьями часто _____ играть в баскетбол.
3. На праздники Андрей _____ в Россию.
4. Он _____ в командировки в Россию довольно часто.
5. Сегодня очень холодно и Мина едет домой на такси.
6. Обычно она _____ на автобусе.

💡 꼭 기억할 것!

VERBS	ЛЕТАТЬ	БЕГАТЬ	ВОДИТЬ	ВОЗИТЬ	НОСИТЬ
Я	ЛЕТАЮ	БЕГАЮ	ВОЖУ	ВОЖУ	НОШУ
ТЫ	ЛЕТАЕШЬ	БЕГАЕШЬ	ВОДИШЬ	ВОЗИШЬ	НОСИШЬ
ОН, ОНА	ЛЕТАЕТ	БЕГАЕТ	ВОДИТ	ВОЗИТ	НОСИТ
МЫ	ЛЕТАЕМ	БЕГАЕМ	ВОДИМ	ВОЗИМ	НОСИМ
ВЫ	ЛТАЕТЕ	БЕГАЕТЕ	ВОДИТЕ	ВОЗИТЕ	НОСИТЕ
ОНИ	ЛЕТАЮТ	БЕГАЮТ	ВОДЯТ	ВОЗЯТ	НОСЯТ

연습문제 18 운동동사를 빈칸에 넣어 문장을 완성하시오.

1. Обычно они _____ на лекции на метро. Сегодня мы _____ туда на автобусе.
2. Эти исследователи часто _____ в Санкт – Петербург на конференции. На днях они тоже _____ на симпозиум.
3. Всегда мы _____ в театр на премьеры. Сегодня мы _____ на обычный спектакль.
4. Обычно я _____ дочь в детский сад. Сегодня её _____ в детский сад старший брат.
5. Обычно я _____ своих родственников на дачу на машине. Сегодня их _____ мой брат.
6. Самолёт этой компании обычно _____ в Корею. Но сегодня он _____ через Корею в Гонконг.

꼭 기억할 것!

VERBS	ПЛАВАТЬ	ПОЛЗАТЬ
Я	ПЛАВАЮ	ПОЛЗАЮ
ТЫ	ПЛАВАЕШЬ	ПОЛЗАЕШЬ
ОН, ОНА	ПЛАВАЕТ	ПОЛЗАЕТ
МЫ	ПЛАВАЕМ	ПОЛЗАЕМ
ВЫ	ПЛАВАЕТЕ	ПОЛЗАЕТЕ
ОНИ	ПЛАВАЮТ	ПОЛЗАЮТ

| 러시아어 문법 |

연습문제 19 운동동사를 빈칸에 넣어 문장을 완성하시오.

1. Я работаю в крупной торговой компании, поэтому часто летаю в США. На этой неделе я _____ в Нью-Йорк.

2. Этот спортсмен уже давно не выступает на соревнованиях, но очень хорошо _____. Посмотрите, он _____ кролем довольно быстро.

3. Королевская кобра обычно _____ очень быстро. Но сейчас она _____ очень осторожно и медленно.

4. Золотые ястребы очень зоркие и _____ на большой высоте. Но эта, ещё совсем молодая птица, сейчас охотится, поэтому _____ низко.

5. В гололёд все машины _____ аккуратно и медленно. Даже водитель этой спортивной машины сейчас _____ очень осторожно.

연습문제 20 운동동사를 빈칸에 넣어 문장을 완성하시오.

1. Каждый день она_____ (возит-водит) ребенка в музыкальную школу. Музыкальная школа расположена далеко от дома.
2. Студенов _____ (водили - возили) на экскурсию в Сеул.
3. Марина _____ (несёт - везёт) младшую дочку на руках.
4. В воскресенье российские студенты _____ (водили – возили) иностранных студентов в театр. Он находиться в центре города, рядом с кампусом университета.

연습문제 21 운동동사를 빈칸에 넣어 문장을 완성하시오.

1. Марина заглянула в террариум. Она увидела, что там _____ всего одна змея. Она не ядовитая, перевела дыхание Марина. Это, всего лишь, безобидный уж. Тогда где же _____ остальные змеи? И почему террариум оставили открытым?

2. Высоко в небе _____ орёл. Он парил над озером, высматривая добычу. Сейчас он _____ особенно высоко, я почти не различаю его в лучах утреннего солнца.

3. Афганские борзые особенно красивы, когда свободно _____ и вволю резвятся на природе. Эта собака _____ так быстро, что за ней не успевает молодой бульдог.

4. Дельфины _____ стаями, ведь они социальные млекопитающие. Посмотрите как красиво_____ по правому борту яхты эта молодая пара дельфинов! Вы знаете, как они высоко _____, когда играют?

| 러시아어 문법 |

10 과거시제

💡 꼭 기억할 것!

идти (шел, шла, шли) ехать (ехал, ехала, ехали)		ходить (ходил, ходила, ходили) + В.п. ездить (ездил, ездила, ездили) (куда?)	
процесс		факт	
Я шёл домой по заснеженной дороге.	이미지	Я ходил вчера на концерт.	이미지
Мы быстро ехали по скоростной магистрали.	이미지	Мы ездили в Россию в августе.	이미지
(обычно, каждый день, каждый год, постоянно, как всегда, всегда, часто и т.д.)			
Мы ездили на выставки каждый месяц.	이미지	В России мы часто ходили в театры.	이미지

연습문제 22 ездить, ходить를 быть로 바꾸어 문장을 완성하시오.

1. В понедельник Мира ездила на семинар по маркетингу.
2. Во вторник Хэрим ходила на лекцию по истории России.
3. Студенты нашего факультета ездили на экскурсию в Таиланд.
4. Вчера они ходили на консультацию по туристическому менеджменту.
5. На прошлой неделе этот преподаватель ездил на конференцию по логистике.
6. В пошлом году Мина ездила в Финляндию.
7. В октябре Харим ездила в Санкт – Петербург.

연습문제 23 быть를 ездить, ходить로 바꾸어 문장을 완성하시오.

1. В Санкт – Петербурге я была в Исаакиевском Соборе на экскурсии.
2. В воскресенье Мира и Хэрим были в Эрмитаже.
3. В прошлом году они были в России и путешествовали по «Золотому кольцу».
4. Вчера вечером Михаил с друзьями был в клубе.
5. Прошлым летом мы были в Сочи.
6. Мы были в картинной галерее на выставке художников – экспрессионистов.
7. Вчера мы были на Красной Площади.
8. Утром они были на экзамене в университете.

| 러시아어 문법 |

연습문제 24 물음에 대해 긍정형, 부정형으로 답하시오.

보기 Вы ходили вчера в театр?
- Да, я был вчера в театре.
- Нет, я не был вчера в театре.

1. Вы ходили утром на уроки?
2. Вы ходили вчера на студенческое собрание?
3. Вы ездили в банк?
4. Выездили на горнолыжную базу в воскресенье?
5. Вы уже ходили в магазин?
6. Ваши друзья ездили изучать русский язык Россию?

연습문제 25 주어진 문장을 질문형으로 바꾸시오.

1. В субботу мы были на стадионе.
2. Утром мы ездили на экзамен по английскому языку.
3. Зимой студенты ездили работать в больницу «Асан» на практику.
4. Этот известный писатель жил в Европе много лет тому назад.
5. Раньше я жила в Пусане.
6. В прошлом году этот учёный ездил в Новосибирск на конференцию.

연습문제 26 괄호안의 단어를 활용하여 질문에 답하시오.

1. Раньше она хорошо _____ (плавать), но сейчас она не ходит в бассейн.
2. Она всегда _____ (носить) много книг из библиотеки, но сейчас она работает в читальном зале.
3. Раньше этот спортсмен всегда _____ (бегать) только на короткие

дистанции, но сегодня он _____ (бежать) марафон.

4. По вечерам стрижи низко _____ (летать).

5. Эта рыба обычно _____ (плавать) на большой глубине, но в эти дни её можно увидеть на мелководье.

연습문제 27 быть를 ходить/ездить로 바꾸어 문장을 완성하시오.

보기1 Мы были на экскурсии.
Мы ходили (ездили) на экскурсию.
Вечером мы вернулись с экскурсии.

1. В субботу мы были на экскурсии в Стокгольме.
2. В прошлом году мы были в Ярославле у брата.
3. В пятницу мы были в Екатеринбурге с друзьями.
4. Неделю назад мы были у родителей в Новосибирске.

보기2 Мы были у нашего старого друга.
Мы ходили к нашему старому другу.
Мы вернулись от нашего старого друга.

1. Мы были у наших друзей в Красноярске.
2. Вчера я была в библиотеке весь вечер.
3. Вчера мы были у родителей в деревне.
4. На прошлой неделе мы были в центре города в торговом центре.

| 러시아어 문법 |

11 접두사가 붙는 동작동사

연습문제 28 빈칸에 알맞은 동사를 넣어 문장을 완성하시오.

1. Он сел на утренний поезд и _____ в Пусан.
2. Ей надо было поменять деньги, поэтому она _____ в банк.
3. Она захотела купить фрукты и _____ на рынок.
4. Отец захотел прочитать свежую газету и _____ в киоск.
5. Мы захотели посмотреть премьеру этого спектакля и _____ в театр.
6. Ему было нужно поменять колесо у машины, и он _____ в автосервис.
7. Они захотели попробовать блюда китайской кухни и _____ в китайский ресторан.

연습문제 29 괄호안에 주어진 단어를 사용해 질문해 답하시오.

보기 Где сейчас Мира? (университет)
Она пошла в университет.

1. Где Александр? (дома)
2. Где Марина? (библиотека)
3. Где студенты? (столовая)
4. Где Хэрим? (концерт)
5. Где Владимир? (больница)
6. Где Роман? (офис)
7. Где Светлана? (школа)

연습문제 30 괄호안에 주어진 단어를 사용해 질문해 답하시오.

보기 Куда вы пойдете, если хотите послушать музыку? (краевая филармония)
- Я пойду в краевую филармонию.

1. Куда вы пойдете, если хотите купить свежую рыбу? (рыбный рынок)
2. Куда вы пойдете, если хотите посмотреть картины? (музей Пушкина)
3. Куда вы пойдете, если хотите узнать традиции народов Бурятии? (этнографический музей)
4. Куда вы пойдете, если хотите поплавать? (бассейн)
5. Куда вы пойдете, если хотите посмотреть фильм? (кинотеатр)
6. Куда вы пойдете, если хотите взять учебники? (библиотека)
7. Куда вы пойдете, если хотите купить подарок? (магазин)

| 러시아어 문법 |

12 접두사 при-와 у-

연습문제 31 보기를 참고하여 빈칸에 알맞은 동사를 넣어 문장을 완성하시오.

보기 Они сели в поезд и поехали в Пусан.
Когда они приехали в Пусан, уже была глубокая ночь.
На следующий день они уехали из Пусана.

1. Хэрим и Мина сели в автобус и _____ .
2. Александр взял машину и _____ .
3. Михаил купил билет на экспресс и _____ .
4. Мы взяли вещи и _____ .
5. Вечером Марина села в такси и _____ .
6. Мы взяли младшего брата и _____ .
7. Студенты сдали все экзамены и _____ .
8. Андрей поменял деньги в банке и _____ .
9. Мой брат сел в трамвай и _____ .
10. Никита сел в электричку в центре города и _____ .

연습문제 32 보기와 같이 문장을 완성하시오.

보기 Они пришли на занятия рано утром.
В полдень они уже ушли из университета.

1. Студенты пришли на экзамен в час дня.
2. Александр пришёл домой в два часа.
3. Михаил пришёл в банк в девять часов утра.
4. Мы пришли на спектакль в шесть часов.
5. Марин пришла в офис в восемь часов утра.

13 접두사 в- (во-)와 вы-

💡 꼭 기억할 것!

Студенты вошли в аудиторию	←	АУДИТОРИЯ	в (во)
Студенты вышли из аудитории.	→		из
Извините за опоздание, можно войти? Он вошёл в класс и сел за парту.		Простите, можно мне выйти? Он вышел из магазина и сел в машину.	

연습문제 33 войти-выйти의 알맞은 형태를 빈칸에 넣어 문장을 완성하시오.

1. Подали трап, и пассажиры _____ из салона самолёта.
2. Поезд прибыл на станцию, и пассажиры _____ из вагона.
3. Семинар закончился и студенты _____ из аудитории.
4. Швейцар легко распахнул двери перед посетителями, и они вошли в ресторан.
5. Он галантно открыл дверь машины, и она _____ из салона.
6. По радио объявили о закрытии магазина, и посетители _____ из зала.
7. Окоченевшими от мороза пальцами Михаил повернул ключ и, наконец, _____ в тёплый дом.

| 러시아어 문법 |

14 접두사 под- (подо-)와 от- (ото-)

💡 꼭 기억할 것!

Студенты подошли К письменному столу.		к
Студенты отошли ОТ письменного стола.		от
Александр подошёл к автобусной остановке ровно в восемь.	Он отошёл от киоска и достал телефон.	
ПОДЪЕХАТЬ	ОТЪЕХАТЬ	

연습문제 34 보기와 같이 문장을 완성하시오.

보기) Михаил подошёл к столу.
- Нет, он уже отошёл от стола.

1. Джисонг подошел к воротам.
2. Иван подошел к двери.
3. Туристы подошли к памятнику.
4. Туристы подошли к музею.
5. Мы подошли к центральному входу в университет.
6. Иван подъехал к магазину.
7. Такси подъехало дому.

15 접두사 до-

 꼭 기억할 것!

ДОЕХАТЬ ДО
ДОЙТИ ДО

연습문제 35 질문에 긍정으로 답하시오.

보기 Михаил уже доехал до университета?
Да, он уже в университете.

1. Светлана уже дошла до остановки автобуса?
2. Они уже доехали до Сеула?
3. Максим уже добежал до финиша?
4. Самолёт уже долетел до Екатеринбурга?
5. Иван уже дошёл до общежития?

| 러시아어 문법 |

16 접두사 про-, пере-, за-

💡 꼭 기억할 것!

ходить	переходить
ездить	переезжать
бегать	перебегать
летать	перелетать
плавать	переплывать
носить	переносить
возить	перевозить
водить	переводить
ползать	переползать
Через, (из – в, от - к)	

연습문제 36 접두사를 유의하며 문장을 읽으시오.

1. Я видел, как Марина прошла мимо здания университета и зашла в лабораторию.
2. Мы перешли через небольшой мост, и зашли в здание театра.
3. Они перешли дорогу, и подошли к автобусной остановке.
4. Мира перевезла все вещи из старого дома в новый дом.
5. Болельщики перебежали на другую сторону стадиона, и забежали на трибуны.

동작동사

УРОК 8   복잡한 문장

01 _접속사 потому что와 поэтому를 포함한 복잡한 문장

02 _접속사 если, если бы를 포함한 복잡한문장

03 _접속사 чтобы를 포함한 복잡한 문장

04 _접속사 хотя를 포함한 복잡한 문장

05 _상호관계를 나타내는 단어 тот, то가 포함된 복잡한 문장

06 _결합을 나타내는 단어 который를 포함한 복잡한 문장

| 러시아어 문법 |

연습문제 01 다음의 물음에 답하시오.

보기 Вы не видели, куда пошёл мой сын?
- Он пошёл в университет.

1. Вы не видели, куда он положил мои книги?
2. Вы не видели, куда я положил свои очки?
3. Вы не видели, куда я положил своё лекарство?
4. Вы не слышали, когда начинается сессия в университете?
5. Вы не скажете, сколько сейчас времени?
6. Вы не слышали, кого пригласили организаторы конференции выступить на пленарном заседании?
7. Вы не знаете, когда начинаются гастроли в театре?

연습문제 02 다음의 물음에 답하시오.

보기 Вы не знаете, кто может (у кого есть возможность) поехать завтра на собрание?
- Марина может завтра поехать на собрание.

1. Вы не знаете, кто будет на этой презентации?
2. Вы не знаете, что они купили в этом магазине?
3. Вы не знаете, какие предметы изучают студенты на этом факультете?
4. Вы не знаете, когда начинаются зимние каникулы?
5. Вы не знаете, когда закрывается библиотека?
6. Вы не знаете, где можно купить русские сувениры?

연습문제 03 что, где, куда, сколько, почему, как, откуда 중 하나를 사용하여 문장을 완성하시오.

보기 Я знаю, _____ стоит этот сотовый телефон.
- Я знаю, сколько стоит этот сотовый телефон.

1. Я знаю, _____ жила Марина.
2. Я ещё не знаю, _____ мы пойдём в субботу.
3. Преподаватель не знает, _____ она уже хорошо говорит по-английски.
4. Мы не поняли, _____ сказал продавец.
5. Вы видели, _____ танцует эта балерина?
6. Вы не слышали, как играет этот скрипач?
7. Он знает, _____ стоит эта машина?
8. Вы знаете, _____ приехали эти иностранные студенты?
9. Вы не знаете, _____ закрыт студенческий ресторан?

| 러시아어 문법 |

01 접속사 потому что와 поэтому를 포함한 복잡한 문장

💡 **꼭 기억할 것!**

Джон хорошо сдал экзамен, потому что, много занимался.
Джон много занимался, поэтому хорошо сдал экзамен.

연습문제 04 보기를 참고하여 두 개의 문장을 이어 같은 뜻이 되도록 접속사를 넣어 문장을 완성하시오.

보기1 Я не записался на занятия по логистике.
Я уже прослушал лекции по этому предмету
в прошлом семестре.
Я не записался на занятия по логистике,
потому что, уже прослушал лекции по этому предмету
в прошлом семестре.

보기2 Я уже прослушал лекции по логистике
в прошлом семестре, поэтому не записался на занятия
по этому предмету

1. Джисонг хорошо знает Москву. Она год изучала там русский язык в университете.
2. Андрей не ходил в университет во вторник. Он заболел.
3. В воскресенье они не поехали на горнолыжный курорт. Он был закрыт из-за бурана.
4. Хэрим хорошо выступила на соревнованиях по фигурному катанию. Она много тренировалась весь прошлый год.
5. Марина опоздала на семинар. Утром были пробки.
6. Я не могу идти на вечер. Я занята.
7. Я думаю, что они очень устали. Перелет длился 12 часов.

연습문제 05 다음 질문에 답하시오.

보기 Почему вы не были вчера на лекции?
Я не был вчера на лекции, потому что у меня болело горло.

1. Почему он еще не сдал реферат?
2. Почему они еще не купили учебники?
3. Почему они не поехали в путешествие в Таиланд?
4. Почему она не пришла вчера в гости?
5. Почему вы не пошли заниматься в библиотеку?
6. Почему вы не поехали отдыхать на море?
7. Почему вы не купили билеты на самолет?
8. Почему Хэрим не пошла на балет «Лебединое озеро»?
9. Почему они не пошли в вечером кино?
10. Почему Андрей сегодня не завтракал?
11. Почему он поехал в Сеул на поезде?
12. Почему он не купил эту картину?

| 러시아어 문법 |

02 접속사 если, если бы를 포함한 복잡한문장

💡 꼭 기억할 것!

Если завтра будет хорошая погода, мы пойдём на стадион.
Я напишу ему письмо, если найду его адрес.

연습문제 06 если를 사용하여 두 개의 문장을 하나의 문장으로 완성하시오.

보기 В субботу будет хорошая погода. Мы пойдем на рыбалку.
Если в субботу будет хорошая погода, мы пойдем на рыбалку.

1. Ты придёшь ко мне в понедельник. Я помогу тебе подготовить презентацию.
2. Вы дадите мне название книги и фамилию автора. Я закажу её для вас в книжном магазине.
3. Вы дадите мне её домашний адрес, я пришлю ей открытку.
4. Вы напишите статью. Я обязательно опубликую её в своем журнале.
5. Вы отправите нам информацию о стоимости обучения на курсах. Мы вышлем вам список студентов, желающих изучать русский язык.
6. Будет сильный ветер. Мы не поедем кататься на лыжах.

연습문제 07 다음 문장을 완성하시오.

1. Я вышлю тебе фотографии, если _____ .
2. Я обязательно прочитаю эту статью, если _____ .
3. Мы поедем отдыхать на море, если _____
4. Я помогу тебе подготовить доклад, если_____
5. Мы можем встретиться в городе днём, если _____

6. Мы можем поехать в Сеул завтра, если_____
7. Они могут идти, если _____

연습문제 08 다음 물음에 답하시오.

1. Куда надо пойти, если вы хотите купить фрукты?
2. Куда надо пойти, если вам нужно купить лекарства?
3. Куда надо пойти, если вы хотите поиграть в теннис?
4. Куда можно пойти, если вы хотите посмотреть балет?
5. Куда надо пойти, если вы хотите поменять деньги?
6. Куда можно поехать на выходные, если стоит жаркая и солнечная погода?
7. Куда надо пойти, если вы хотите отправить письмо или посылку?

03 접속사 чтобы를 포함한 복잡한 문장

💡 꼭 기억할 것!

**Джисонг приходила ко мне,
чтобы я помогла ей подготовить доклад.
Андрей сказал,
что ему надо выучить новые слова.
Андрей сказал,
чтобы Хэрим принесла ему учебник.**

| 러시아어 문법 |

연습문제 09 다음 문장을 완성하시오.

1. Никита хочет, чтобы Андрей _____ .
2. Андрей хочет, чтобы мы _____ .
3. Мина хочет, чтобы они_____ .
4. Микёнг хочет, чтобы он _____ .
5. Преподаватель хочет, чтобы студенты _____.
6. Директор хочет, чтобы сотрудники _____.
7. Тренер хочет, чтобы его спортсмены _____.
8. Режиссёр хочет, чтобы актёры _____.
9. Фирма хочет, чтобы клиенты _____
10. Учителя хотят, чтобы дети, _____.
11. Врач хочет, чтобы этот пациент _____.
12. Экскурсовод хочет, чтобы этот турист _____.

연습문제 10 다음 문장을 완성하시오.

1. Он устроился работать в эту компанию чтобы _____ .
2. Я пришёл к врачу, чтобы он _____.
3. Мы пришли к преподавателю, чтобы он _____
4. Мы переехали в другой город, чтобы _____.
5. Мой брат поступил на этот факультет, чтобы _____.
6. Наши родители прилетели к нам, чтобы _____
7. Консультант подошёл к нам, чтобы _____
8. Андрей пришёл в библиотеку, чтобы _____
9. Отец взял новую газету, чтобы _____.

연습문제 11 что 또는 чтобы를 넣어 문장을 완성하시오.

1. Мой друг сказал мне, _____ я обязательно прочитала эту экономическую статью. Он сказал, _____ эта статья очень интересная.
2. Врач сказал пациенту, ____ у него грипп. Врач сказал, ____ больной отдыхал дома и принимал лекарства.
3. Преподаватель сказал, _____ мы приходили на консультацию в среду. Я сказала, ____ передам эту информацию всем студентам.
4. Я сказал другу, ____ он купил билеты на самолёт до Рождества. Но сказал, _____ я не волновался. Друг сказал мне, ____ он уже купил билет на прошлой неделе.
5. Преподаватель сказал, _____ завтра мы будем сдавать устный экзамен. Он сказал, ____ мы хорошо готовились.
6. Мой друг сказал мне, _____ я посмотрел оперу «Евгений Онегин». Он сказал, _____ смотрел эту оперу в Москве.
7. Мой брат сказал мне, _____ мы обязательно сходили в Эрмитаж. Он сказал, ____ был там прошлым летом.

04 접속사 хотя를 포함한 복잡한 문장

연습문제 12 보기를 참고하여 문장을 바꾸시오.

보기 Всю неделю они готовились к экзаменам.
Но они нашли время помочь мне подготовить доклад.
Хотя они всю неделю они готовились к экзаменам,
они нашли время помочь мне подготовить доклад.

1. Шел сильный дождь. Они отправились на рыбалку.
2. Я редко играю в шахматы. Я смог выиграть эту сложную партию.

3. Она уже давно не занимается плаванием. Она по-прежнему хорошо плавает.
4. Он уже давно не говорил по-немецки. Он может читать и переводить статьи в газетах.
5. Он уже давно не садился за руль. Он хорошо водит машину.
7. Она уже давно не занимается балетом. У неё очень стройная фигура.

연습문제 13 보기와 같이 хотя 사용하여 문장을 바꾸시오.

보기 Я уже смотрела этот спектакль,
но я хочу посмотреть его ещё раз.
Хотя я уже смотрела этот спектакль,
я хочу посмотреть его ещё раз.

1. Она хорошо танцует, но редко ходит в клуб.
2. Она уже читала роман «Мастер и Маргарита», но хочет перечитать его ещё раз.
3. Мой младший брат ещё маленький, но уже хорошо играет в хоккей.
4. По этому предмету часто были очень сложные задания, но мы справились.
5. В горах уже лежит снег, но в городе по-прежнему тепло.
6. Стоит морозная погода, он озеро до сих пор не покрылось льдом.
7. Может показаться странным, что он все детство жил в приморском городе, но не любил рыбу.

연습문제 14 다음 문장을 완성하시오.

1. Хотя он недавно работает в Сеуле, _____ .
2. Хотя они всего два месяца изучали корейский язык, _____ .
3. Хотя я часто получаю письма от друзей _____ .
4. Хотя моя сестра ещё очень маленькая _____ .
5. Хотя они очень соскучились по родителям, _____ .
6. Хотя этот певец уже давно не выходил на сцену, _____ .
7. Хотя экзамен по логистике был очень трудный, _____ .
8. Хотя была солнечная погода, _____ .
9. Хотя он начал учиться рисовать недавно, _____ .
10. Хотя после многочасовых тренировок болело всё тело, спортсмен _____

| 러시아어 문법 |

05 상호관계를 나타내는 단어 тот, то가 포함된 복잡한 문장

💡 꼭 기억할 것!

Я принёс вам то, что обещал.
Я долго думал о том, что вы сказали.
Я не знаю того, о ком вы говорите.

연습문제 15 적절한 단어를 삽입하여 문장을 완성하시오.

1. Мой брат привёз мне _____, что уде давно обещал?
2. Вы уже прочитали ____, что хотели прочитать?
3. Я рассказал вам об экзаменах ____, что я узнал у преподавателя .
4. Мне понравилось ____, что вы купили вчера.
5. Мы часто откладываем на завтра ____, что надо сделать сегодня.
6. Я думаю, её обрадует ____, что я ей привезла.
7. Спасибо за эту информацию для презентации. Это как раз ____, что нужно.

연습문제 16 тот, то을 적절한 형태로 바꾸어 문장을 완성하시오.

1. Вам надо пойти к _____ кто, знает, где можно купить эту вещь.
2. Помогите ____, кто не знает, как решить эту задачу.
3. Расскажите о путешествии в Россию _____, кто не смог туда поехать.
4. Дайте этот фильм ____ , кто ещё не успел посмотреть его.
5. Расскажите об этом празднике _____ , кто никогда не слышал о нём.
6. Расскажите об этом романе____ , кто ещё не читал его.
7. Всегда увлекательно работать с ____, кто верит в успех проекта.
8. Мне приятно учиться ____,чьи достижения меня вдохновляют .

9. Сейчас у меня появилась возможность заниматься _____, что меня всегда интересовало и увлекало.
10. Наш тренер доволен ____, как мы выступили на соревнованиях.
11. Наш руководитель доволен _____, как мы подготовили презентацию.
12. Он долго думал о ____, что она рассказала ему сегодня о работе в этой компании.
13. Журналист написал большую статью о _____, что он видел во время путешествия по Индии.
14. Напиши мне о ____, как вы сдавали экзамены по русскому языку.
15. Расскажи нам о ____, что было на семинаре по истории.
16. Они долго разговаривали … , как проведут эти летние каникулы.
17. Режиссёр снял фильм _____, как сложно идти путём самосовершенствования.

06 결합을 나타내는 단어 который를 포함한 복잡한 문장

꼭 기억할 것!

Я встретил друга. Он недавно приехал из Москвы.
Я встретил друга, который недавно приехал из Москвы.

연습문제 17 который를 사용하여 두개의 문장을 하나로 완성하시오.

1. Вы видели новое расписание занятий? Оно висит у нас в аудитории.
2. Вы знаете нашего нового сотрудника? Он приехал из Лондона.
3. Вы знаете где лежат документы? Я их оставила секретарю.
4. Вы знаете эту певицу? Она пела на концерте вчера.
5. В наш город приехали спортсмены. Она будут участвовать в

соревнованиях.

6. Мы были на горнолыжном курорте. Он находится в Корее.

연습문제 18 который를 적절한 형태로 삽입하여 문장을 완성하시오.

1. Сейчас мы смотрим передачу, _____ мы уже видели вчера.
2. Завтра мы будем писать текст, _____ сегодня мы читали на уроке.
3. Я не получал документы, _____ вы мне отправили вчера.
4. Студенты были на экскурсии в старой крепости, _____ находится недалеко центра города.
5. Мы покупаем фрукты на рынке, _____ находится рядом с нашим домом.
6. Он читает роман, _____ он взят в библиотеке вчера.

연습문제 19 который를 적절한 형태로 사용하여 두개의 문장을 하나로 완성하시오.

보기 Вчера я слушал концерт классической музыки.
Я говорил вам об этом концерте.
Вчера я слушал концерт классической музыки,
о котором я вам говорил.

1. Сегодня я смотрел интервью с одним политиком. Мы говорили с вами об этом политике.
2. Мне нравиться этот дом. В этом доме живут мои родители.
3. Недавно я посмотрел интересную передачу. Вы рассказывали мне об этой передаче.
4. Вчера в Сеуле я встретил своего преподавателя. Я говорил вам об этом преподавателе.
5. Мы были в Храме Христа Спасителя. Я читал о нём в книге по

истории России.

6. На прошлой неделе мы были на экскурсии в Третьяковской галерее. Преподаватель рассказывал нам о ней.

연습문제 20 где를 который의 적절한 형태로 바꾸어 문장을 완성하시오.

보기 Ты знаешь район города, где живут наши родители?
Ты знаешь район города, в котором живут наши родители?

1. Вы знаете магазин, где мы покупаем свежие овощи?
2. Вы были в аудитории, где будет экзамен?
3. Вы видели спортивный комплекс, где будут проводить соревнования по баскетболу?
4. Вы видели концертный зал, где будет проходить концерт классической музыки?
5. Вы были в картинной галерее, где висят картины молодых московских художников?

연습문제 21 다음 문장을 완성하시오.

1. Я знаю писателя, о котором _____
2. Я читал рассказ, о котором ____.
3. Она живёт в районе, в котором _____.
4. Мне нравится поэт, о котором ____.
5. Я видел музей, в котором ____.
6. Вчера он был на вставке, на которой _____ .
7. Мне нравится дом, в котором _____.

| 러시아어 문법 |

연습문제 22 который를 적절한 형태로 바꾸어 하나의 문장으로 완성하시오.

보기1 Я прочитал роман.

Я взял этот роман у друга.

Я прочитал роман, который я взял у друга.

보기2 MЗавтра у меня на семинаре будут студенты экономического факультета.

Вы уже вели у них занятия в прошлом году.

Завтра у меня будут студенты, у которых вы вели занятия в прошлом году.

1. Я прочитал все статьи на эту тему. Я нашёл эти статьи в Интернете.
2. Я люблю русскую поэзию и учу стихи. Вчера я читал их в университете на вечере русского языка
3. На лекцию пришло много студентов. Мы пригласили их вчера.
4. Мои друзья сейчас живут в Москве. Я давно не видел их.
5. Я отдал документы секретарю. Вы можете забрать их.

부록

СЛОВАРЬ. СЕМАНТИКО – ТЕМАТИЧЕСКИЕ ГРУППЫ.

❖ 1	Человек 사람
❖ 2	Части тела 신체의 부분
❖ 3	Семья 가족
❖ 4	Виды спорта 스포츠
❖ 5	Дом 집, квартира 아파트, комната 방, мебель 가구
❖ 6	Ванная комната 욕실
❖ 7	Стол 테이블, кухонные принадлежности 주방용품
❖ 8	Одежда 의류
❖ 9	Еда 음식
❖ 10	Чтение и письменные принадлежности 읽기쓰기용품
❖ 11	Город 도시
❖ 12	Природа 자연
❖ 13	Домашние животные 애완동물
❖ 14	Городской транспорт 도시의 교통수단
❖ 15	Время суток 하루
❖ 16	Месяцы 월
❖ 17	Дни недели 일주일
❖ 18	Числительные 수
❖ 19	Название Болезней́ 병명

Челове́к Human being, 인간		
же́нщина	woman	여자
мужчи́на	man	남자
молодо́й челове́к	young man	젊은 사람
де́вушка	girl (in her late teens)	소녀
ма́льчик	boy	소년
де́вочка	girl (small)	소녀

Семья́ Family, 가족		
жена́	아내	wife
му́ж	남편	husband
Ма́ть, ма́ма	어머니, 엄마	mother
Оте́ц, па́па	아버지, 아빠	father
дочь	딸	daughter
сын	아들	son
сестра́	자매	sister
бра́т	형제	brother
роди́тели	부모	parents
де́душка	할아버지	grandfather
ба́бушка	할머니	grandmother
вну́к	손자	grandson
вну́чка	손녀	granddaughter

Ч áсти тéла Parts of the body 신체의 명칭		
головá	head	머리
лоб	forehead	이마
лицó	face	얼굴
глаз	eye	눈
нос	nose	코
вóлосы	hair	머리카락
зуб	tooth	치아
гýбы	lips	입술
ýхо	ear	귀
рукá	hand	손
пáлец	finger	손가락
ногá	leg, foot	다리

Ви́ды спóрта Sports, 스포츠		
хоккéй	hockey	하키
футбóл	football	축구
тéннис	tennis	테니스
волейбóл	volleyball	배구
баскетбóл	basketball	농구
гольф	golf	골프

Дом, кварти́ра, ко́мната, ме́бель. House, Apartment, Room, Furniture, 주택, 아파트, 방, 가구		
дом	집	home
кварти́ра	아파트	apartment
балко́н	발코니	balcony
коридо́р	복도	corridor
кабине́т	서재	cabinet
туале́т	화장실	WC
ва́нная	욕실	bathroom
ку́хня	부엌	kitchen
столо́вая	식당	dining room
спа́льня	침실	bedroom
потоло́к	천장	ceiling
пол	마루바닥	floor
стена́	벽	wall
окно́	창문	window
дверь	문	door

| 러시아어 문법 |

Мéбель, прдмéты бы́та Household Utensils, 가정용 기구		
стол	책상, 식탁	table
стул	의자	chair
крéсло	안락의자	chair
дивáн	소파	sofa
кровáть	침대	bed
шкаф	옷장	cabinet
пóлка	선반	shelf
лáмпа	램프	lamp
телевúзор	TV	TV
рáдио	라디오	radio
телефóн	전화기	phone
будúльник	자명종	alarm clock
часы́	시계	watch
сýмка	가방	bag
чемодáн	여행가방, 트렁크	suitcase
зонт	우산	umbrella
одея́ло	이불	blanket
подýшка	베개	pillow
ковéр	카페트	carpet
зéркало	거울	mirror
штóра	커튼	Blinds
жалюзú	햇빛을가리는 차일, 블라인드	jalousie

Ва́нная ко́мната Bathroom, 욕실		
полоте́нце	수건	towel
зубна́я щётка	칫솔	toothbrush
мы́ло	비누	soap

Стол и ку́хня Table and Kitchenware, 테이블과 주방		
ви́лка	포크	fork
нож	칼	knife
сковорода́	프라이팬	pan
кастрю́ля	냄비	casserole
стака́н	유리컵	glass
ча́шка	찻잔	cup
блю́дце	받침접시	saucer
таре́лка	접시	dish
ло́жка	숟가락	spoon
ча́йник	차주전자	kettle
салфе́тка	냅킨	napkin
ска́терть	식탁보	tablecloth
стол	테이블	table

Одежда Clothes, 의류		
пальто́	외투	coat
пла́щ	우비	cloak
пла́тье	원피스	dress
костю́м	양복	costume
руба́шка	와이셔츠	shirt
ю́бка	스커트	skirt
блу́зка	블라우스	blouse
брю́ки	바지	pants
ша́пка	모자	cap
шля́па	중절모자, 차양이 있는 모자	hat
перча́тки	장갑	gloves
носки́	양말	socks
га́лстук	넥타이	tie
босоно́жки	샌들	sandals
боти́нки	구두, 신사화	shoes
сапоги́	부츠 (장화)	boots
ту́фли	구두	shoes
кроссо́вки	운동화	sneakers

Едá Food, 음식		
соль	소금	salt
мя́со	고기	meat
мáсло	기름	oil
молокó	우유	milk
сок	쥬스	juice
колбасá	소시지	sausage
сыр	치즈	cheese
яйцó	달걀	egg
ры́ба	생선	fish
картóфель	감자	potatoes
лук	양파	onion
огурцы́	오이	cucumbers
моркóвь	당근	carrots
свёкла	빨간무	beetroot
помидóр	토마토	tomato
капýста	양배추	cabbage
апельси́н	오렌지	orange
я́блоко	사과	apple
виногрáд	포도	grapes
конфéты	사탕	candy
пирóжные	과자	cakes
чай	차	tea

са́хар	설탕	sugar
ко́фе	커피	coffee
торт	케이크	cake
бу́лочки	흰빵	buns

Чте́ние и пи́сьменные принадле́жности Reading and Writing 읽기와 쓰기		
кни́га	책	book
газе́та	신문	newspaper
уче́бник	교과서	textbook
журна́л	잡지	journal
слова́рь	사전	dictionary
бума́га	종이	paper
конве́рт	봉투	envelope
письмо́	편지	letter
ру́чка	펜	pen
каранда́ш	연필	pencil
ма́рка	우표	mark
откры́тка	엽서	postcard
телегра́мма	전보	telegram
тетра́дь	공책	notebook

Го́род City, 시		
у́лица	거리	street
дом	집	home
зда́ние	건물	building
пло́щадь	광장	area
рестора́н	레스토랑	restaurant
кафе́	카페	cafe
гости́ница	호텔	hotel
кинотеа́тр	영화관	cinema
музе́й	박물관	museum
теа́тр	극장	theatre
цирк	서커스	circus
университе́т	대학교	university
институ́т	전문대학, 단과대학	institute
шко́ла	학교	school
суперма́ркет	슈퍼마켓	supermarket
по́чта	우체국	mail
стадио́н	경기장	stadium
ры́нок	시장	market
мост	다리	bridge
парк	공원	park
заво́д	공장	plant
фа́брика	공장	factory

Приро́да Nature, 자연		
со́лнце	햇빛	sun
луна́	달	moon
не́бо	하늘	sky
дере́вня	시골	village
сад	정원	garden
лес	숲	forest
по́ле	들	field
река́	강	river
де́рево	나무	tree
цвето́к	꽃	flower

Дома́шние живо́тные Animals, 동물		
пти́ца	새	bird
ко́шка	고양이	cat
соба́ка	개	dog
коро́ва	암소	cow
ло́шадь	말	horse
ку́рица	닭	chicken

Городско́й тра́нспорт City Transport, 도시 교통		
трамва́й	전차	tram
метро́	지하철	subway
тролле́йбус	무궤도 전차, 트롤리 버스	trolleybus
авто́бус	버스	bus
такси́	택시	taxi
маши́на	자동차	car

Вре́мя су́ток, времена́ го́да Time, Seasons, 시즌		
у́тро	아침	morning
день	낮	day
ве́чер	저녁	evening
ночь	밤	night
зима́	겨울	winter
весна́	봄	spring
ле́то	여름	summer
о́сень	가을	autumn

| 러시아어 문법 |

Ме́сяцы Months, 월		
Янва́рь	1월	January
Февра́ль	2월	February
Ма́рт	3월	March
Апре́ль	4월	April
Май	5월	May
Ию́нь	6월	June
Ию́ль	7월	July
А́вгуст	8월	August
Сентя́брь	9월	September
Октя́брь	10월	October
Ноя́брь	11월	November
Дека́брь	12월	December

Дни неде́ли Days of the Week, 요일		
Понеде́льник	월요일	Monday
Вто́рник	화요일	Tuesday
Среда́	수요일	Wednesday
Четве́рг	목요일	Thursday
Пя́тница	금요일	Friday
Суббо́та	토요일	Saturday
Воскресе́нье	일요일	Sunday

	Числи́тельные Numerals, 수사	
1	Оди́н	One
2	Два́	Two
3	Три	Three
4	Четы́ре	Four
5	Пять	Five
6	Шесть	Six
7	Семь	Seven
8	Во́семь	Eight
9	Де́вять	Nine
10	Де́сять	Ten
11	Оди́ннадцать	Eleven
12	Двена́дцать	Twelve
13	Трина́дцать	Thirteen
14	Четы́рнадцать	Fourteen
15	Пятна́дцать	Fifteen
16	Шестна́дцать	Sixteen
17	Семна́дцать	Seventeen
18	Восемна́дцать	Eighteen
19	Девятнадца́ть	Nineteen
20	Два́дцать	Twenty
21	Два́дцать оди́н	Twenty-one
22	Два́дцать два́	Twenty-two
23	Два́дцать три́	Twenty-three

24	Два́дцать четы́ре	Twenty-four
25	Два́дцать пять	Twenty-five
26	Два́дцать шесть	Twenty-six
27	Два́дцать семь	Twenty-seven
28	Два́дцать во́семь	Twenty-eight
29	Два́дцать де́вять	Twenty-nine
30	Три́дцать	Thirty
40	Со́рок	Forty
50	Пятьдеся́т	Fifty
60	Шестьдеся́т	Sixty-
70	Се́мьдесят	Seventy
80	Во́семьдесят	Eighty
90	Девяно́сто	Ninety
100	Сто	Hundred
200	Две́сти	Two hundred
300	Три́ста	Three hundred
400	Четы́реста	Four hundred
500	Пятьсо́т	Five hundred
600	Шестьсо́т	Six hundred
700	Семьсо́т	Seven hundred
800	Восемьсо́т	Eight hundred
900	Девятьсо́т	Nine hundred
1000	Одна́ ты́сяча	One thousand

Название болезней	
Абсце́сс	abscess
Алкоголи́зм	alcoholism
Аллерги́я	allergy
Анги́на	quinsy
Аневри́зма	aneurism, aneurysm
Анеми́я	anaemia
Анорекси́я	anorexia
Аппендици́т	appendicitis
Аритми́я	arrhythmia
Артри́т	arthritis
Астигмати́зм	astigmatism
А́стма	asthma
Атеросклеро́з	atherosclerosis
Атрофи́я	atrophy
Аути́зм	autism
Беспло́дие	infertility
Бессо́нница	insomnia
Беше́нство	rabies
Близору́кость	myopia
Борода́вки	warts

Ботули́зм	botulism
Бронхи́т	bronchitis
Варико́з	varix, varicosity
Ветря́нка	chicken pox
Гаймори́т	antritis
Гангре́на	gangrene
Гастри́т	gastritis
Гемато́ма	haematoma
Гемофили́я	haemophilia
Гепати́т	hepatitis
Ге́рпес	herpes
Гипертони́я	hypertension
Глауко́ма	glaucoma
Грипп	flu; influenza
Гры́жа	rupture; hernia
Дальнозо́ркость	long sight
Дальтони́зм	colourblindness; daltonism
Дермати́т	dermatitis
Диабе́т	diabetes
Диаре́я	diarrhea

Дисбактерио́з	disbacteriosis
Дистрофи́я	dystrophy
Желту́ха	jaundice, icterus
Заика́ние	stammer(ing), stutter(ing)
Зоб	goitre, wen
Зуд	itch
Инсу́льт	stroke, apoplexy
Инфа́ркт миока́рда	myocardial [cardiac] infarction
Ишеми́я	isch(a)emia
Ка́риес	caries
Катара́кта	cataract
Ка́шель	cough
Киста́	cyst
Кли́макс	menopause
Ко́клюш	hooping cough
Ко́лика	colic
Коли́т	colitis
Конъюнкти́вит	conjunctivitis
Корь	measles

Косогла́зие	squint, cast in the eye; strabismus
Крапи́вница	nettle rash
Красну́ха	German measles
Ларинги́т	laryngitis
Лейко́з	leukaemia
Лимфоста́з	lymphostasis
Лихора́дка	fever
Маляри́я	malaria
Мелано́ма	melanoma
Менинги́т	meningitis
Мигре́нь	migraine
Нары́в	abscess, boil
На́сморк	cold; rhinitis
Невралги́я	neuralgia
Невро́з	neurosis
Нейродерми́т	neurodermatitis
Нефри́т	nephritis
Облысе́ние	alopecia
О́бморок	syncope
Ожире́ние	obesity

Ожо́г	burn
О́пухоль	swelling; tumour
О́спа	smallpox
Остеопоро́з	osteoporosis
Остеохондро́з	Intervertebral Osteochondrosis, Degenerated Disc Disease, Herniated Disc, Bulged Disc
Отёк	(o)edema
Оти́т	otitis
Отморо́же́ние	frostbite, congelation
Панкреати́т	pancreatitis
Парали́ч	paralysis, palsy
Пародонто́з	parodontosis, amphodontosis
Перело́м	fracture
Переохлажде́ние	exposure
Пиелонефри́т	pyelonephritis
Пневмони́я	pneumonia
Пода́гра	gout; podagra
Полиомиели́т	poliomyelitis; polio

Потни́ца	miliaria, heat rash, prickly heat
Про́лежни	bedsore
Радикули́т	radiculitis
Рак	cancer
Рахи́т	rachitis, rickets
Ревмати́зм	rheumatism; rheumatics
Рини́т	rhinitis
Се́псис	septicaemia, sepsis
Скарлати́на	scarlet fever, scarlatina
Склеро́з	sclerosis
Сколио́з	scoliosis
Стенокарди́я	stenocardia
Столбня́к	tetanus
Тахикарди́я	tachycardia
Тонзилли́т	tonsillitis
Тромбо́з	thrombosis
Туберкулёз	tuberculosis, T.B.
Уши́б	injury
Фаринги́т	pharyngitis

Фибро́з	fibrosis
Флегмо́на	phlegmon
Флюс	dental abscess, gumboil
Цирро́з	cirrhosis
Цисти́т	cystitis
Шок	shock
Экзе́ма	eczema
Я́зва	ulcer; sore
Ячме́нь	sty(e)